Mitologia Giapponese

Una guida per principianti al folklore, alle tradizioni, alle creature e alle divinità giapponesi

By

IACOBELLIS EDIZIONI

SOMMARIO

Introduzione 5

Capitolo 1-Giappone e miti: Panoramica 7

Giappone 9

Giappone industrializzato 11

Il mito giapponese 13

Lingua e scrittura 15

Capitolo 2-Tradizioni e mitologia giapponese 18

Grandi tradizioni e piccole tradizioni 20

Piccole e grandi tradizioni nel contesto giapponese 23

Tradizioni giapponesi da fonti esterne 24

Fonti cinesi 25

Buddismo e fonti indiane 27

Capitolo 3-Complessi di miti periferici 28

Okinawa e le isole Ryukyu 29

Ainu 37

Capitolo 4-Fonti sulla mitologia giapponese 45

Il Canone Shintoista 46

Letteratura Buddista: i Sutra e i commentari 49

Ainu Yukari 52

I Miti di Ryukyuan 54

Capitolo 5-La magia della mitologia 57

Miti, leggende, racconti popolari e fiabe 58

Interpretare la mitologia attraverso i secoli 60

Perchè i miti di culture diverse suonano allo stesso modo? 62

Un'esperienza umana reciproca 64

Capitolo 6-La Religione Giapponese 65

Shinto 67

Il Pantheon Shintoista 72

Miti shitoisti 72

Kami 73

Buddismo 76

La fusione di buddismo e shintoismo 80

Il Pantheon buddista 82

Influenze da altre culture cinesi 87

Capitolo 7-Storie di dei e dee giapponesi 89

Le Divinità dei Cieli 91

La creazione del mondo di Izanagi e Izanami 92

La morte di Izanami 94

La nascita del Sole e delle Luna 97

Susano sfida sua sorella 99

Il sole si nasconde 101

Altre divinità shintoiste 103

I Demoni shintoisti 106

Capitolo 8-Creature e spiriti giapponesi 108

Esseri umani 109

I Non-umani 110

Shugendo 112

Capitolo 9-Mitologia nel Giappone moderno 115

Conclusione 119

Introduzione

Il legame tra mito e vita è complicato per molti giapponesi moderni. Il mito è costituito da storie su esseri e oggetti sia nebulosi che tangibili. Include anche idee accettate, spesso indiscutibili, riguardanti le origini, le abitudini e la cultura del popolo giapponese. Pochi giapponesi riconosceranno di "credere" in tali leggende. Si presentano semplicemente come se lo facessero. Per rendere le cose ancora più complicate, religione e rituale, così come i rituali domestici e nazionali, si intrecciano in modi sottili e imprevisti.

I miti, come definiti in questo libro, sono al crocevia di vari stili narrativi. Da un lato, c'è la categoria dei racconti popolari, che include storie orali che vengono raccontate tradizionalmente. Sono spesso leggendari (discutono di divinità, cause di eventi e morale) e occasionalmente solo per divertimento. Molti di questi racconti popolari furono raccolti dai folkloristi giapponesi, specialmente nella prima metà del XX secolo, quando le tradizioni orali iniziarono a svanire quando la radio, la televisione e altre forme di intrattenimento divennero più diffuse.

La storia di fantasmi è un altro stile narrativo popolare in Giappone. Le storie di fantasmi erano tipicamente derivate da una tradizione buddista che si occupava dell'aldilà e delle conseguenze delle proprie azioni durante la propria vita.

Tradizionalmente venivano raccontati in mezzo al caldo per far venire un brivido lungo la schiena dell'ascoltatore (un semplice tipo di aria condizionata!). Una terza forma di racconto di spicco sono i miti "ufficiali", che sono spesso documentati da o su richiesta di coloro che occupano posizioni di autorità per creare carte per situazioni politiche e sociali. Tutti questi elementi contribuiscono alla mitologia di una società.

La mitologia di questo libro riconosce varie fonti, sia orali che scritte, popolari ed elitarie. Molte versioni "alternative" sono state omesse o discusse solo brevemente al fine di fornire un'immagine coerente per un pubblico non specializzato.

Questo libro fornisce ai lettori le conoscenze di base sulla mitologia giapponese. Contiene una serie informativa e interessante di dettagli riguardanti i miti in Giappone.

Questo libro è pensato per i principianti per consentire loro di avere una presa sulle basi della mitologia giapponese in modo che possano aprire la loro strada alla comprensione della cultura giapponese.

Capitolo 1-Giappone e miti: Panoramica

Si dice che gli dèi nascano dagli occhi o dalle narici di altri dei nella mitologia giapponese. Si sposano con i loro fratelli o sorelle. I loro retto è usato per fare il cibo. Si arrabbiano e iniziano a tagliarsi l'un l'altro.

Una divinità si strappa i vestiti e balla davanti agli altri dèi, che scoppiano tutti a ridere.

Tuttavia, niente di tutto questo è esattamente ciò che il popolo giapponese chiede da se stesso. In realtà, i giapponesi sono noti per il loro conservatorismo e riverenza per la civiltà, la moderazione e la pulizia. Tuttavia, nella mitologia giapponese, il comportamento oltraggioso è piuttosto comune. Nella migliore delle ipotesi, il comportamento degli dèi è strano e, nel peggiore dei casi, è ripugnante. Generalmente non fornisce un esempio diretto di come comportarsi per gli esseri umani. Il messaggio a volte sembra essere che gli dèi mancano di caratteristiche umane. Non sono umani, nonostante il fatto che siano descritti come tali.

In molte storie della creazione, gli dèi, per esempio, vivono in un regno distinto da quello in cui vivono le persone. Gli dèi vivono in questi miti in un mondo che esisteva prima dell'esistenza, prima del sole e della luna, e prima della terra e dell'acqua. Ritrae un tempo prima che esistessero le leggi naturali e le regole e le convenzioni umane.

Il nome del Giappone, Nihon o Nippon, deriva da caratteri cinesi che indicano "l'origine del sole". Il sole sorge da est; quindi, il Giappone è ad est della Cina. Secondo la mitologia giapponese, il popolo giapponese è la progenie di Amaterasu, la dea del sole.

La bandiera del Giappone è bianca, con un solido cerchio rosso al centro. Il cerchio rosso rappresenta il sole.

Lo shintoismo, la religione nazionale del Giappone, è incentrata sul culto di vari dei e spiriti; Shinto significa letteralmente "via del kami". Gli dèi sono conosciuti come kami in giapponese e si dice che abitino tutti gli esseri viventi, compresi gli umani, così come gli oggetti non viventi come rocce, cascate, alberi ed edifici. Molti dei miti mitologici del Giappone si concentrano su Amaterasu, la dea del sole.

Giappone

La cosa più importante da sapere sul Giappone è che è una nazione insulare con poche risorse naturali: un arcipelago di piccole isole montuose. A differenza di molti paesi moderni, il Giappone è razzialmente omogeneo, con praticamente tutti che condividono gli stessi antenati e costumi.

Nel corso della storia, i giapponesi hanno preso elementi da altre culture e li hanno adattati alla propria cultura.

Nel '500, impararono la scrittura, l'amministrazione strutturata e il buddismo dai cinesi. Nel 19 ° secolo e di nuovo nel 20 ° secolo, hanno imparato le tecniche dagli Stati Uniti e dall'Europa. Qualunque cosa imparino – come costruire veicoli o telefoni cellulari, per esempio, o pattinare o giocare a baseball – lo padroneggiano rapidamente e, se non meglio, della persona da cui l'hanno imparato. Questa è una caratteristica per cui i giapponesi sono ben noti.

Tempi di intenso apprendimento si sono alternati a periodi di isolamento dal resto del mondo nella storia del Giappone. Il Giappone fa uso della sua posizione come nazione insulare in questi tempi. Come ha fatto tra l'inizio del 1600 e la metà del 1800, si isola dagli altri paesi e abbraccia la propria identità. Lo shogunato Tokugawa ha bandito i viaggi all'estero e tutti i commerci con l'Europa e gli Stati Uniti per 250 anni.

Il Giappone tentò di rifiutare il buddismo e ripristinare lo shintoismo nel diciannovesimo secolo dopo aver adottato il buddismo come religione e averlo combinato con lo shintoismo, la fede nativa giapponese.

Ciò fu in parte in risposta alle porte nazionali del Giappone che furono spalancate dall'Occidente: il commodoro Matthew Perry sbarcò con una flotta di navi nel 1853 e costrinse il Giappone ad aprire legami economici con gli Stati Uniti e infine con l'Europa.

Dopo essere stato reintegrato al potere dopo anni di dittature militari, l'imperatore Meiji pensò che fosse giunto il momento di modernizzarsi. Voleva che il Giappone prosperasse economicamente in un mondo più industrializzato, ma non voleva che i giapponesi perdessero la loro identità culturale. Di conseguenza, ci fu un periodo di intenso nazionalismo e l'adozione da parte del governo della mitologia tradizionale giapponese. Una di queste leggende sosteneva che l'imperatore era una divinità e un discendente diretto della dea del sole. Questo mito ha rafforzato l'idea che il Giappone fosse una nazione superiore a causa dei suoi antenati. Questo racconto fu una volta interpretato per suggerire che l'imperatore avesse l'autorità di dominare l'intero universo.

Giappone industrializzato

Le imprese giapponesi prosperarono, così come l'economia del paese. L'industrializzazione del Giappone fu rapida. È effettivamente passato da una nazione agraria a una con il più grande prodotto nazionale lordo (PNL) del mondo in pochi anni.

Poi, durante la Seconda guerra mondiale, il Giappone combatté a fianco della Germania contro gli Stati Uniti e la Russia dalla parte delle potenze dell'Asse.

Il 7 dicembre 1941, il Giappone fece un drammatico ingresso in guerra bombardando la struttura navale statunitense a Pearl Harbor. Il bombardamento uccise oltre 2.000 marinai americani e attirò gli Stati Uniti nel conflitto. Solo fino a quando gli Stati Uniti non reagirono sganciando bombe atomiche sulle città giapponesi di Hiroshima e Nagasaki, il Giappone si arrese. Lo shintoismo fu abolito come religione nazionale ufficiale dopo che l'imperatore Hirohito rinunciò alla sua pretesa di essere un dio. Molte persone stanno ancora scrivendo libri per capire come i giapponesi siano stati in grado di industrializzarsi con tale velocità ed efficienza. Nonostante ciò, i giapponesi continuarono a mettere in relazione i loro miti con le generazioni successive e a visitare santuari shintoisti e templi buddisti in tutte le epoche in cui lo stato dichiarò una religione.

Il mito giapponese

Il mito del Giappone è una delle credenze più comuni sostenute dai giapponesi. In questa visione, il Giappone è una nazione insulare, distinta in termini di cultura e geografia, misteriosa e omogenea. Naturalmente, questo fa parte della Grande Tradizione, ed è ciò che ci è stato tramandato sotto forma di materiali scritti, come gli scritti Kojiki e Nihonshoki. Nel Giappone moderno, la Grande Tradizione della leggenda giapponese è molto viva. La maggior parte dei giapponesi crede ancora in uno o più dei seguenti:

La lingua giapponese è distintiva, con poche tracce di altre lingue;

La cultura giapponese, in particolare lo stile di pensiero giapponese, è insondabile per i non madrelingua. Ciò è particolarmente vero nella comunicazione giapponese, che dipende fortemente da emozioni non dette e sentite trasferite tra coloro che le condividono: il popolo giapponese.

Il popolo giapponese ha un'origine unica.

L'evoluzione culturale del Giappone è stata essenzialmente estranea ai cambiamenti globali.

E molti saranno d'accordo sul fatto che l'insieme delle caratteristiche fisiche del popolo giapponese è omogeneo e unico. Di conseguenza, negli ultimi cinque decenni, le pubblicazioni sono state pubblicate in giapponese, sostenendo che i giapponesi sono unici a causa della loro lunghezza intestinale, colore dei capelli, gruppo sanguigno o anatomia fisica del cervello.

Si dà il caso che nessuno di questi punti di vista sia corretto.

Questi miti persistono, tuttavia, perché l'élite – i burocrati, il mondo accademico, i funzionari religiosi, persino le celebrità dello spettacolo e i giornalisti stranieri – ripetono questi fatti fittizi come se fossero reali. In una certa misura, lo sono, ma solo quando vengono aggiunti numerosi criteri.

Sono realtà mitiche che derivano e sostengono l'esistenza di molti dei miti "narrativi" specifici che analizzeremo qui per i nostri scopi nell'analisi della mitologia giapponese. Per fare ciò, esamineremo alcune delle caratteristiche della società giapponese che danno origine alla mitologia giapponese.

Lingua e scrittura

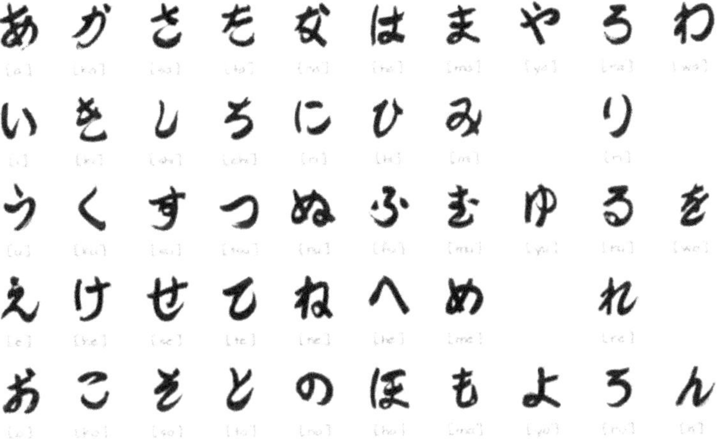

La lingua giapponese è una parte importante della cultura giapponese che è cruciale per i miti. Il giapponese è un membro della famiglia delle lingue ural-altaiche, che comprende anche coreano e manciù.

Queste lingue sono agglutinanti, il che significa che le parole sono modificate da particelle prive di significato per significare cose come verbi, livelli di cortesia, tempi verbali e così via. Il giapponese, d'altra parte, è scritto in kanji ideografici (caratteri cinesi). Poiché i cinesi non hanno agglutinazioni, i giapponesi svilupparono due serie di sillabari (caratteri che indicano una consonante e una vocale) per scrivere queste agglutinazioni (una di queste, katakana, fu inventata per rendere più facile la lettura delle scritture buddiste per le donne che si pensava fossero troppo deboli per leggere i caratteri cinesi corretti). Di conseguenza, molti concetti giapponesi sono dichiarati usando solo due parole: una di origine giapponese e l'altra di origine cinese. Inoltre, mentre ogni carattere cinese ha un significato distinto, la sua "lettura" – il suono che denota – può avere una varietà di interpretazioni in giapponese.

Tutto questo ha ramificazioni nella mitologia giapponese. I nomi di esseri e cose mitologiche, così come le loro qualità, possono essere generati da diverse letture / interpretazioni dei loro nomi, luoghi o azioni.

Un nome che aveva un significato in su Yomi (lettura cinese) di una parola può essere letto come se fosse Kun Yomi (lettura giapponese), e il significato è messo nel suono. Ecco un'illustrazione: le tre scimmie, Hear No Evil, See No Evil e Speak No Evil, sono ben note. Sono collegati alla strada kami, Sarutahiko-no-kami, nella mitologia giapponese. Saru significa scimmia in giapponese, mentre ta indica risaia. Il nome del kami è scritto in caratteri cinesi usando i caratteri per scimmia e campo, che suonano simili al nome del kami. Questo collega la divinità alle scimmie, nonostante il fatto che non esista un tale collegamento nel Kojiki o nel Nihonshoki, dove si fa riferimento a Sarutahiko. Il suffisso verbale -Saru o -zaru è il suffisso imperativo negativo di un verbo in giapponese antico ("non..."). Quindi, l'esortazione a non sentire il male, non vedere il male e non parlare male, che è probabilmente da una fonte buddista, può essere visualizzata come tre scimmie, collegando così queste tre scimmie con Sarutahiko.

Capitolo 2-Tradizioni e mitologia giapponese

In almeno due casi, il termine "mitologia giapponese" è fuorviante. Per cominciare, piuttosto che avere un'unica mitologia coesa, il popolo giapponese ne ha una pletora. Ci sono una varietà di tradizioni mitiche, alcune delle quali sono state scritte (e sono utili ai politici e agli ideologi), e altre che sono parlate tra amici e respinte dagli specialisti come "tradizioni popolari" piuttosto che mitologia "reale". Le mitologie dei piccoli villaggi e i miti dei popoli minoritari dell'isola giapponese – gli Ainu e i Ryukyuan – non sono spesso considerati "veramente" giapponesi o "propriamente" mitici. In secondo luogo, anche la "vera" mitologia giapponese – qualunque cosa significhi – è una raccolta di mitologie indigene e mitologie di altre culture, principalmente India e Cina, ma anche dell'Occidente.

A peggiorare le cose, la frase mito può essere sconcertante in sé e per sé. I miti sono costituiti da due componenti per le nostre esigenze. La sezione sul raccontare storie è uno degli elementi.

I miti includono quasi invariabilmente elementi soprannaturali (cioè l'intervento di esseri potenti e indipendenti). Questi racconti possono variare in lunghezza da epiche a brevi aneddoti. È difficile capire la differenza tra miti, folklore, storie di fantasmi e fiabe in questo contesto.

I miti, d'altra parte, hanno una seconda componente: di solito hanno una componente intellettuale che dà struttura alla vita delle persone. Potrebbero essere coinvolti individui o un'intera civiltà. I miti sono storie che le persone si raccontano per spiegare chi sono, cosa stanno facendo e perché lo stanno facendo. Sebbene nessun singolo mito possa ottenere tutto, il corpus del mito, per quanto conflittuale e fratturato, fornisce alle persone un elenco di spiegazioni su come le cose accadono e perché e come sono diventate il risultato di un lungo (e quindi rispettabile, che vale la pena attenersi e difendere) processo.

Molti dei miti discussi in questo libro seguono un tipico schema narrativo: qualcuno ha fatto qualcosa nel passato nebbioso in determinate circostanze che hanno effetti sociali, fisici, materiali e / o ideologici che possiamo vedere ora. Altri miti, d'altra parte, mancano di una narrazione.

Sono descrizioni di caratteristiche dell'universo, della civiltà e della storia in versi, sculture, arte o architettura. Per fare un esempio, una delle figure buddiste più importanti, Kannon, non ha "storie" nel senso tradizionale.

Ci sono, tuttavia, ampie descrizioni delle sue caratteristiche e personalità. Kannon appare anche come salvatore e sostenitore in una varietà di storie di miti riguardanti varie persone.

In aspetti più pratici, il mito giapponese ha svolto un ruolo cruciale, in particolare come carta sociale e politica. Le famiglie Takahashi e Imbe gareggiarono per il lavoro di cuoco della famiglia imperiale all'inizio del IX secolo. Ognuno usava i miti del proprio clan come prova a sostegno delle proprie affermazioni. Nel 1980, un ministro del governo giapponese ha usato il mito dell'unicità giapponese come motivo per limitare le importazioni di carne. Sebbene nessuna di queste parti sia stata "creduta" dai loro ascoltatori, i miti dichiarati sono stati considerati argomenti potenti e persuasivi.

Grandi tradizioni e piccole tradizioni

Yanagita Kunio, e successivamente Origuchi Shinobu, iniziarono a collezionare folklore contadino e comune all'inizio del XX secolo, che Yanagita temeva stesse rapidamente scomparendo.

Yanagita, in particolare, credeva che questo folklore fosse il folklore "originale" e "vero" del popolo giapponese e quindi il nucleo della giapponesità convenzionale e genuina che ha dato vita al paese giapponese. Molti dei racconti raccolti da Yanagita e Origuchi erano localizzati in determinati luoghi, storie che non sempre rispecchiavano ciò che veniva insegnato e raccontato nelle scuole come tradizioni giapponesi, almeno secondo il governo. Sorprendentemente, molti di questi racconti contraddicevano le credenze esistenti registrate in massicce collezioni di tradizioni giapponesi come il Kojiki e il Nihonshoki. Nel XVIII secolo, questi furono ristampati e ripubblicizzati come componente di una spinta ideologica per "rinnovare" la società giapponese. È utile guardare a un insieme di terminologia attribuita all'antropologo americano Robert Redfield per chiarire queste incongruenze. Redfield, che lavorava in Messico ed era un contemporaneo di Yanagita, inventò i termini "Piccole Tradizioni" e "Grande Tradizione", che saranno utili qui.

Le "Piccole Tradizioni" sono raccolte di credenze e comportamenti locali che si trovano in tutti i gruppi umani, ma sono particolarmente comuni nelle società che sono in gran parte autosufficienti, se non isolate.

Le piccole tradizioni differiscono da una comunità all'altra, sono molto adattabili e dinamiche e sono raramente documentate poiché gli individui che le ripetono sono spesso analfabeti. Si concentrano sulle preoccupazioni immediate di queste comunità: famiglia, doveri sociali, agricoltura e assistenza sanitaria. La mitologia della gente comune è incarnata nelle Piccole Tradizioni.

Al contrario, la "Grande Tradizione" di una nazione o cultura ha maggiori probabilità di essere scritta, stampata in libri, legiferata e quasi conservata. È dominato dall'élite (che è generalmente ben istruita e sempre forte) e serve i loro interessi: glorificare la nazione, la religione e la cultura in termini che loro, l'élite, definiscono per i propri fini.

Piccole e Grandi Tradizioni hanno un'interazione dinamica. La Grande Tradizione mira a radunare gli individui per gli scopi dell'intera civiltà che guidano attraverso i suoi principali sostenitori, le élite alfabetizzate. Le leggende e i miti locali sono incorporati nella Grande Tradizione nella misura in cui possono essere utilizzati per sostenere l'élite e le mitologie nazionali.

Le Piccole Tradizioni alimentano la Grande Tradizione, ma spesso trattano argomenti che non sono importanti per essa – fame, nazionalismo locale, preoccupazioni dei produttori e degli agricoltori – o sono addirittura antagonisti ad essa, come le idee di rivolta. Le Piccole Tradizioni, d'altra parte, possono appropriarsi e alterare i miti della Grande Tradizione per i propri scopi.

Piccole e grandi tradizioni nel contesto giapponese

Il localismo ha sempre vissuto in armonia scomodamente con il "giapponesismo" nell'ambiente giapponese. Vale a dire, la maggior parte delle preoccupazioni personali è stata concentrata e il più grande impegno emotivo è stato fornito alla comunità locale: il buraku (villaggio) e il cioè (famiglia).

Fatta eccezione per coloro che erano al potere, la comunità più grande – la nazione o l'han (dominio feudale) – era di poca importanza per la maggior parte delle persone. Come risultato di questa dualità, il governo centrale (quando era dominante e in grado di farlo) ha fatto di tutto per "nazionalizzare" i miti locali al fine di promuovere e sviluppare una nazione piuttosto che un insieme di comunità disparate.

Non è strano, quindi, che la divinità identica possa svolgere più funzioni e avere più identità e titoli o che divinità diverse saranno fuse in una sola, e mitologie separate saranno "amalgamate" in un'unica narrazione che si adatta agli scopi di coloro che sono al potere.

Tradizioni giapponesi da fonti esterne

Una varietà di fonti esterne ha influenzato le tradizioni giapponesi, comprese quelle mitologiche. Due di questi sono ampiamente registrati e relativamente semplici da tracciare perché sono pratiche culturali alfabetizzate. Sia l'India che la Cina hanno dato un contributo significativo alla mitologia giapponese, principalmente attraverso il mezzo del buddismo. Ci sono anche prove di altre due tradizioni, entrambe meno ben documentate e significativamente più diffuse: la mitologia Ainu è la cristallizzazione e la manifestazione di tradizioni presenti in diverse culture circostanti a nord e nord-ovest del Giappone, come le culture Okhotskian e Tungus,,,,. È anche possibile vedere parallelismi tra i miti giapponesi – ad esempio, la leggenda dei creatori della terra, la fusione fratello-sorella di Izanagi e Izanami – e i miti delle civiltà proto-polinesiane delle catene di isole che si estendono verso sud dal Giappone, attraverso Taiwan, Ryukyus e filippine, dove questo mito (tra gli altri) è raccontato in molte varianti.

Fonti cinesi

La mitologia della Cina adiacente ha avuto un enorme impatto sulla mitologia giapponese. La mitologia cinese era costituita da una fusione di due culture diverse. Uno era la credenza indigena negli dei (shin), che erano raggruppati in vasti assemblaggi di burocrati celesti, principi e generali, comandati da un supremo Imperatore di Giada, o Imperatore Celeste, che controllava i cieli con rettitudine e compassione, come l'imperatore cinese terreno era destinato a fare sulla terra. Un vasto numero di divinità e santi locali furono assorbiti in questo cosmo sotto forma di funzionari celesti, alcuni dei quali erano figure storiche con un'esistenza verificabile le cui virtù piacevano ai loro contemporanei.

L'altra tradizione era il buddismo, che era a sua volta una sintesi delle precedenti tradizioni indù e di varie mitologie dell'Asia centrale e persino persiane. Il buddismo portò nuove divinità e concezioni, così come nuovi saggi e santi, in Cina, e anche loro assunsero la forma di una burocrazia celeste, che coesisteva o si identificava con quella nativa.

Le idee cinesi del regno mitologico, come tutta la mitologia, erano basate sulle percezioni e le comprensioni delle persone della realtà sociale che le circondava.

Il sistema di governo imperiale era una caratteristica sociale fondamentale del vecchio mondo cinese.

Sebbene l'imperatore fosse sovrano, avrebbe dovuto guidare in virtù, ed era, in teoria, il capo di una burocrazia i cui membri erano nominati per merito. In termini formali, a tutti i maschi è stata data l'opportunità di diventare funzionari attraverso un sistema di valutazioni severe (e difficili!). In teoria, anche il figlio del contadino più povero potrebbe diventare il primo ministro del regno. Di conseguenza, i lavori ufficiali all'interno della burocrazia del governo celeste sono rappresentati nella mitologia cinese. Questa burocrazia era organizzata in divisioni e uffici, proprio come il governo imperiale del mondo materiale.

Il Giappone non ha mai sviluppato un sistema di esame basato sul merito, nonostante abbia aderito a parti dell'etica confuciana. L'affiliazione al clan e alla famiglia, così come la relazione del sovrano, erano significativamente più essenziali. Inoltre, le aree periferiche della politica giapponese dovevano un vero dovere ai rispettivi clan e successivamente ai signori feudali, nonostante esprimessero sempre una forte lealtà all'imperatore.

Ciò si riflette nelle distinzioni mitologiche tra i due sistemi sociali.

Poiché il Giappone mancava di un sistema governativo comparabile, gran parte della giustificazione per la deificazione di una persona andò quando i giapponesi acquisirono personaggi mitologici dalla Cina (ad esempio, la traduzione di Ch'ung-Chuan in Shoki Demon-queller). Di conseguenza, i personaggi mitologici in Giappone hanno livelli distinti di significato e persino responsabilità diverse rispetto alle loro controparti cinesi.

Buddismo e fonti indiane

Molto prima che il Giappone emergesse come nazione, l'India aveva una fiorente cultura alfabetizzata. La precedente eredità leggendaria dell'induismo è stata assorbita e sviluppata dal buddismo indiano.

Il pantheon di divinità potenti e ben definite è stato menzionato nella mitologia indiana. Numerose delle divinità più importanti dell'induismo – Brahma il Creatore, Vishnu il Sostenitore, Indra il Fort-Breaker e persino molti demoni – furono riformulate come figure buddiste, inferiori ai Buddha ma comunque potenti e meritevoli di rispetto.

Queste figure e divinità furono trasmesse in Giappone attraverso la Cina e divennero protagoniste anche nella mitologia giapponese, con nomi e tratti giapponesi ma chiaramente derivati da una ricca storia indù e indiana.

Allo stesso modo, le variazioni sociologiche tra India e Giappone – ad esempio, la mancanza di un sistema di caste – significavano che le divinità importate si trovavano in contesti diversi rispetto al loro luogo natale, con differenze corrispondenti nella mitologia ad esse correlata.

Capitolo 3-Complessi di miti periferici

L'idea di un Giappone politicamente e culturalmente omogeneo è stata promossa dalla mitologia nazionale e imperiale giapponese. Ciò rappresentava gli obiettivi e gli interessi dell'élite centrale, ignorando o offuscando le preoccupazioni delle comunità locali e delle Piccole Tradizioni.

Tuttavia, il popolo giapponese non è così identico come hanno affermato le autorità. Altre due culture separate – forse le uniche due sopravvissute rimangono di un tessuto culturale più ricco e diversificato che esisteva nelle isole giapponesi prima dell'ascesa al potere di Yamato – conservano alcuni aspetti del loro passato culturale, inclusa la mitologia. Queste due culture – gli Ainu del nord e i Ryukyuan del sud – sono degne di nota non solo per il loro bene, ma anche per la relativa luce che riflettono sulla mitologia giapponese (qui intesa per implicare la tradizione Yamato).

Okinawa e le isole Ryukyu

La catena di isole Ryukyu, di cui Okinawa è l'isola più grande, si trova nella prefettura di Okinawa, che si trova nella regione meridionale del Giappone. La lingua e la cultura Yamato sono distinte da quelle dei popoli nativi e non devono essere confuse con loro (cioè il giapponese standard).

Prima della sua conquista da parte del clan giapponese Satsuma nel 16 ° e 17 ° secolo, Okinawa funzionava come un regno sovrano a sé stante. Era un ponte culturale tra Cina e Giappone, nonché un melting pot culturale a causa del fatto che era influenzato sia dalla Cina che dal Giappone.

Fino a questo secolo, molti aspetti della cultura e della religione di Okinawa erano stati tenuti separati l'uno dall'altro. Le isole Ryukyu si estendono su una distanza di circa 400 chilometri, che si estende dal punto più meridionale di Kyushu alla costa più settentrionale di Taiwan. L'isola di Okinawa si trova al centro dell'arcipelago giapponese e si estende per un totale di settanta miglia.

In molti casi, quello che è stato affermato come un mito di Ryukyuan era in realtà una riscrittura fatta da uno studioso del Giappone continentale alla ricerca di una sorta di connessione Okinawa-Giapponese, in genere per dimostrare la superiorità del Giappone.

Le storie di origine sono il tipo più comune di racconto che viene raccontato più e più volte, nonostante il fatto che anche questi miti siano spesso semplificati e localizzati. La maggior parte dei Ryukyuan ha un'educazione religiosa e, di conseguenza, riconosce l'importanza di prendere parte ai rituali e di svolgere le responsabilità ad essi associate. D'altra parte, l'enunciazione inequivocabile degli dei che adorano non è né il punto focale della loro religione né una componente essenziale della sua pratica. L'importanza di un corretto comportamento cerimoniale, che è profondamente radicato nella vita quotidiana e nelle interazioni interpersonali nella società Ryukyuan, non può essere sopravvalutata.

L'agricoltura per la sussistenza e la pesca erano le due industrie principali che sostenevano l'economia di Ryukyuan. Sho Hashi, nell'anno 1429, creò un regno unificato dalle piccole politiche precedentemente indipendenti che esistevano sulle isole. Questo potrebbe essere stato fatto sotto l'influenza di inviati cinesi. Uno dei suoi successori, Sho Shin, rafforzò queste conquiste e costruì un governo confuciano. Questo governo proibì il trasporto di armi e istituzionalizzò la divisione tra nobili e popolani.

Sho Shin governò dal 1477 fino alla sua morte nel 1526. Alla fine del XVI secolo, il crescente potere del dominio di Satsuma nel Sud del Giappone portò il regno di Okinawa più vicino al Giappone che all'orbita della Cina. Il secolo successivo vide il regno di Okinawa diventare parte integrante del dominio di Satsuma.

In contrasto con la popolazione giapponese che si trova sulle isole maggiori, praticamente tutti gli accademici concordano sul fatto che i Ryukyuan non hanno il minimo interesse per la mitologia. Le discussioni sul folklore e la mitologia sembrano suscitare l'interesse della media di Okinawa perché le figure mitologiche tendono ad essere vaghe e mal definite e perché questi argomenti sono spesso discussi.

Oltre a questo, la religione Ryukyuan è una delle poche religioni al mondo che si concentra principalmente sulle donne: tutti gli esperti di rituali senior, inclusi sacerdoti e medium, sono donne. Le donne costituiscono la maggior parte della comunità di specialisti rituali. Non è facile determinare se questo sia un retaggio di una precedente forma matriarcale di religione o semplicemente un aspetto peculiare della cultura Ryukyuan.

Nella mitologia di Okinawa, il Kang è considerato la figura più significativa. Si ritiene che questi siano relativamente paragonabili agli umani, anche se un po 'più potenti. Sono rappresentati come persone che indossano abiti e copricapi cinesi, che è un costume indossato dalla nobiltà di Okinawa. Sono raffigurati come cinesi. Finché i rituali vengono eseguiti come prescritto e le persone si comportano "correttamente" nei loro rapporti l'uno con l'altro e nei boschi sacri e nelle grotte in cui i Kang fanno le loro case, il Kang è essenzialmente indifferente alle questioni politiche (o, piuttosto, passa attraverso il loro cammino verso il mondo prosaico). I Kang sono una razza formidabile che possiede abilità che gli umani non possiedono. Nel caso in cui le cerimonie non vengano eseguite, diventeranno un ostacolo alla vita umana.

Nonostante questo, le azioni umane e l'inganno hanno il potenziale per manipolarli e persino ingannarli. La mitologia che viene espressa contiene alcune categorie diverse che possono essere ulteriormente suddivise. Il gruppo superiore è conosciuto come il ting-nu-Kang o il Kang celeste. Questi, proprio come i kami giapponesi, hanno un senso mal definito della propria superiorità. Unjang (kang del mare), tiida-kang (kang solare) e miiji-nu-kang (kang dell'acqua) sono tra questi. Simile a come ci sono diversi tipi di Kang nel sistema giapponese, ci sono più tipi di Kang locale, come paddy Kang, well Kang e home Kang.

Il Kang professionale include persone che lavorano nel settore della pesca, come i pescatori, le persone che producono reti da pesca e le persone che costruiscono barche. Il quarto gruppo è costituito dai futuki, a volte noti come antenati; hanno il potenziale per agire come mediatori tra le persone viventi e il Kang. Pochi abitanti di Okinawa sono in grado di riconoscere una qualsiasi di queste idee, e ancora meno si preoccupano di distinguerle. Tutte queste idee sono vaghe e poco chiare. Secondo le Ryukyuan, è sufficiente agire in modo appropriato e fare le offerte Nuru (sacerdotesse del villaggio).

Nonostante la mancanza di chiarezza che circonda questo periodo, l'inizio della storia leggendaria è considerato l'Età del Cielo.

Secondo un diverso racconto delle stesse storie, i due individui discesero sulla terra con vari tipi di materiali da costruzione, tra cui pietre, sporcizia, alberi e piante, con i quali contenevano le acque ed erigevano le isole che compongono l'arcipelago (nel Chuzan Seikan). Senza mai avere contatti sessuali tra loro, diedero alla luce tre figli: il primo sovrano (un figlio), la prima sacerdotessa e il primo contadino (di nuovo, un figlio).

Amaikyu e Shinerikyu, due fratelli Kang, furono comandati dal celeste Kang (o, in altre versioni, da Nirai Kang, la divinità creatrice celeste) per stabilire la terra e le persone che vivevano su di essa durante quel periodo di tempo. Il ting-nu-Kang è anche conosciuto come Nirai Kang. Sono scesi dal cielo e hanno modellato il leggendario paradiso dell'isola di Kudaka dalle onde che si infrangono sul mare.

Dopo un certo numero di generazioni, nacque un essere umano che era un discendente di questi primi umani. Tenteishi, come era conosciuto, era un uomo che divideva le persone in quattro categorie: monarchi, agricoltori aristocratici, alte sacerdotesse e sacerdotesse di villaggio.

Tra le alte sacerdotesse, Tenteishi attribuiva la massima importanza. Ognuno dei suoi cinque figli si assunse la responsabilità di una di queste responsabilità. La popolazione era numerosa all'epoca e viaggiarono attraverso l'oceano per stabilire un insediamento a Seefa Utaki, noto anche come il bosco sacro di Seefa, sulla costa meridionale di Okinawa. Seefa Utaki è ancora considerato il più importante luogo di pellegrinaggio di Okinawa.

In ogni villaggio o comunità, c'è un luogo specifico noto come take dove la sacerdotessa locale va in comunione con il Kang. A causa del modo in cui il cosmo è progettato, gli uomini nelle comunità Ryukyuan detengono l'autorità temporale, mentre le loro sorelle esercitano il potere spirituale che aiuta a sostenere e sostenere gli uomini nelle loro comunità. Lo stesso si può dire per la maggior parte delle famiglie diverse. Il sistema femminile-maschile fu stabilito con l'istituzione del regno unificato di Okinawa all'inizio del XV secolo (il regno amministrava anche, a vari livelli, le isole vicine), e il governo centrale era responsabile dell'insegnamento e della nomina del villaggio Nuru (sacerdotesse).

Ci sono due sfere di influenza separate per i Ryukyuan: la maggior parte delle persone ha interesse a saperne di più sulla prima quella degli umani, vale a dire, il mondo normale. D'altra parte, il dominio Kang non è ben definito, è ampiamente diffuso ed è poco compreso. Kang ha il potere di manifestarsi nel mondo normale, nonostante il fatto che la loro casa sia in quel dominio. Almeno per quanto riguarda gli umani, le porte tra i due regni sono gli alberi sacri (utaki), le sorgenti e le caverne che offrono l'accesso all'altro regno. Le informazioni sulle attività individuali e familiari alla fine si fanno strada verso il Kang attraverso il focolare. Questo è il fattore più importante.

L'ampia storia della creazione che è stata registrata sull'isola principale di Okinawa è riprodotta su un certo numero di altre isole Ryukyuan, anche se con referenti "locali" piuttosto che "nazionali" questa volta. Ouwehand raccontò una storia molto simile a questa, ma sull'isola di Hateruma. In questa versione, Okinawa non è stata menzionata. La storia della fondazione delle divinità fondatrici fratello-sorella può anche essere trovata più a nord, nel mito della fondazione giapponese, così come più a sud, a Taiwan e nelle Filippine. Inoltre, questa storia può essere trovata più a sud, a Taiwan e nelle Filippine. Inoltre, questa storia può essere trovata più a nord, in Giappone.

Ainu

La cultura Ainu è l'altra delle culture originali del Giappone, che è stata quasi completamente assimilata dalla cultura Yamato. Hanno popolato il nord di Honshu e l'isola di Hokkaido per tutta la storia antica del Giappone, parlando una lingua separata dal giapponese.

Come risultato dell'espansione del regno Yamato prima e per tutto il periodo Heian, essi (o una cultura quasi correlata conosciuta dai giapponesi come Emishi) si integrarono gradualmente nella più ampia popolazione giapponese di Honshu.

Nel periodo Kamakura, la cultura Ainu nel nord di Honshu era quasi scomparsa, lasciando solo nomi di luoghi ed effetti culturali che non potevano essere individuati. Nell'Hokkaido e nelle isole Sakhalin meridionali, la cultura Ainu prosperò come civiltà indipendente. Quando l'Hokkaido fu aperto alla colonizzazione giapponese nel diciannovesimo secolo, gli Ainu erano ancora una volta sotto la pressione demografica, culturale e politica dei giapponesi. Come civiltà unica, ora sono quasi scomparsi. Alcune componenti della cultura sono conservate nelle comunità rimanenti, in particolare per il commercio turistico. Circa 18.000 persone oggi possono rintracciare i loro antenati agli Ainu.

Gli Ainu facevano parte di una civiltà artica circumpolare molto più ampia. Fino a quando i giapponesi non li costrinsero a rinunciare alle abitudini tradizionali e diventare agricoltori a tempo pieno, la loro economia si basava su una combinazione di raccolta e caccia con una certa agricoltura di miglio di sussistenza. Il commercio via mare era una parte essenziale della loro economia politica, e le loro grandi navi costruite con clinker attraversavano i corsi d'acqua tra le isole del nord-est asiatico e presumibilmente anche la terraferma. Erano simili ai loro antenati culturali asiatici in Siberia e Tunguska, così come alle culture della costa nord-occidentale del Nord America, a questo proposito.

Gli Ainu, una tribù bellicosa, combatterono i loro vicini del Popolo del Mare – molto probabilmente membri della Cultura Okhotskiana, che occuparono le catene dell'isola a nord di Hokkaido – e poi i giapponesi, che li sconfissero solo nel XVIII secolo. Molte mitologie Ainu riguardavano le battaglie con il Popolo del Mare o il tradimento dei giapponesi quando gli Ainu si rivolgevano a loro per oggetti di valore come lacche e lavori in metallo.

Gli Ainu erano divisi in piccole bande o villaggi di circa un centinaio di persone, ognuno diviso in più case in termini di politica. Questi gruppi stabilirono un kotan, o regno, in cui loro, e solo loro, possono cacciare, pescare e riunirsi. Ogni kotan era centrato su una valle fluviale, con montagne che sorgevano tra di loro. Secondo le prove nelle saghe, le incursioni e i combattimenti erano estremamente diffusi. Le comunità erano principalmente isolate l'una dall'altra, ma l'obbligo di sposarsi al di fuori del proprio matrimonio ha portato a qualche contatto intercomunitario e, di conseguenza, uniformità culturale.

Gli uomini erano cacciatori e guerrieri. Le donne erano raccoglitrici e sciamani che davano visioni alla gente per guidarle.

Le donne non erano inferiori agli uomini in tutti i regni della vita, e possedevano la loro significativa autorità, che era spesso centrata sul loro lignaggio matrilineare, o "gruppo di cinture": le donne della stessa eredità matrilineare indossavano un kut, una stretta cintura di tessitura nota unica per quel gruppo. Poiché agli uomini era impedito di vedere o persino discutere le cinture, le nuore di una donna non potevano appartenere allo stesso gruppo di cinture; erano le donne che controllavano la fertilità di Ainu. Nella mitologia Ainu, le donne sono spesso mostrate come potenti, persino bellicose. Combattono al fianco delle loro controparti maschili e sono perfettamente in grado di respingere gli intrusi o completare compiti quotidiani come la caccia e la pesca da soli.

Afferrare la religione Ainu richiede la comprensione di due concetti: Ramat e Kamui. Tutti gli esseri viventi, sia le piante che gli animali, e gli oggetti, in particolare quelli legati all'umanità, possiedono il potere immanente di Ramat.

Ramat è una forza non sosenziente che può possedere un oggetto intero e funzionale e poi lasciarlo quando viene distrutto o muore. In questo modo, Ramat assomiglia al mana polinesiano e, prevedibilmente, al kami giapponese.

Il Ramat lascia una cosa quando viene distrutta, proprio come fa quando una persona muore. Gli esseri umani, come organismi più grandi e sofisticati, hanno più ramat di semplici dispositivi ed esseri come strumenti o semi.

Le divinità della religione Ainu sono conosciute come Kamui. Sono divisi in varie sottoclassi, alcune delle quali sono più potenti di altre. C'è una distinzione significativa tra pirika Kamui (buon Kamui), wen Kamui (ostile, malevolo) e koshne Kamui (ostile, malevolo) (neutrale). Ancora una volta, ci sono sorprendenti parallelismi tra Ainu e concetti giapponesi, indicando che condividono un antenato comune o si influenzano a vicenda da molto tempo. I Kamui sono simili all'uomo in apparenza. Vivono, amano e persino muoiono come gli umani. Tuttavia, una volta che lasciano il loro habitat e visitano la patria Ainu, sono o possono essere estremamente potenti. Kamui e Ainu condividono una connessione reciprocamente vantaggiosa. Le offerte ai Kamui erano fondamentali per la pratica religiosa di Ainu. Vino, cibo e cose preziose sono tra le offerte, con l'inau che è il più importante.

Ogni Kamui ha un inau che è unico per quella divinità. Gli esseri umani sono gli unici che possono fare inau.

L'artigiano radeva abilmente sezioni di arricciatura da una spessa bacchetta di salice o altri alberi.

Questi sono stati modellati in forme appropriate al Kamui in questione mentre erano ancora attaccati alla punta della bacchetta. Gli inau erano Kamui in sé e per sé, anche se il loro unico scopo era quello di trasmettere il rispetto e i doni del creatore. Inau sarebbe stato sepolto in luoghi appropriati – prima del fuoco, vicino a una riva del fiume, al capezzale di una persona malata – e lì sarebbero state offerte offerte di cibo, bevande, canti e balli. Kamui è molto dipendente dalle offerte e dall'inau, come possiamo vedere dalle poesie Yukari. Il potere del particolare Kamui diminuirà senza cibo, vino e altre offerte, e lui o lei potrebbe finalmente diventare moribondo. Senza l'inau per consegnare il regalo, il destinatario Kamui non lo riceverà o non saprà chi è responsabile se lo fa.

I Kamui potevano assumere qualsiasi forma e, in cambio di contributi umani, si "vestivano" con "vestiti" di animali, alberi o verdure. Gli indumenti esterni di un Kamui erano un pesce o una balena, un albero o un animale, che furono dati agli Ainu quando la divinità tornò nella patria di Kamui. I Kamui si liberarono di queste vesti esterne e le diedero alla persona che veniva visitata. Il Ramat della divinità era ancora attaccato al manufatto, che doveva essere trattato con riverenza. Il Kamui avrebbe fornito un regalo a un cacciatore che ha catturato una bella selvaggina o a un raccoglitore che ha scoperto deliziosi bulbi di giglio.

Il rituale dell'orso, che è stato praticato fino all'inizio del XX secolo, ha esemplificato questa pratica. Un anno è stato trascorso allevando un cucciolo di orso prima che fosse ucciso con le frecce. La carne e la pelliccia furono alla fine mangiate, ma l'orso fu mostrato per una settimana e gli fu dato vino e divertimento prima di essere riportato in patria senza i suoi "vestiti": la buccia vuota del corpo del cucciolo di orso, che lasciò in dono ai suoi ospiti. Gli orsi erano particolarmente significativi per gli Ainu in generale. Gli orsi erano generalmente considerati gentili e ben disposti verso gli umani nella loro esperienza (l'orso bruno asiatico Ursus arctos, di cui l'orso bruno di Hokkaido è una sottospecie, è imparentato con il grizzly americano). Erano, in effetti, gli abiti esterni indossati dal dio della montagna Nuparikor Kamui quando veniva a vedere gli umani, cercando offerte di vino e inau e lasciando la sua buccia terrena o copertura - la pelliccia, la carne e le ossa dell'orso - per gli umani di godere. Apparve anche Ararush, orsi mostri, principalmente a causa del fatto che le persone non riuscivano a eseguire riti e offerte adeguati per gli orsi. Gli Ararush erano temuti perché non solo non consegnavano gentilmente i loro vestiti ai cacciatori, ma inseguivano e attaccavano anche le persone, arginavano i fiumi per preservare il salmone stesso e spaventavano cervi e altri animali da cibo.

C'erano quattro regni nella cosmologia Ainu. La gente viveva in due di esse: il regno della terra, o massa terrestre (Hokkaido), e il regno delle isole marine oltre l'orizzonte, con gli Ainu in uno e i loro nemici – giapponesi e okhotskiani – nell'altro. I Kamui vivevano nel loro regno, che era abbastanza simile a quello degli umani in ogni modo, ed era spesso raffigurato come alto nel cielo. Il quarto regno era il dominio oscuro e inquietante di individui che avevano agito male nella vita. Tali anime miserabili, siano esse umane o Kamui, erano condannate a vagare per quella terra umida e triste, mentre coloro che agivano in modo appropriato, ricambiando l'ospitalità e compiendo rituali, erano tenuti nel focolare dalla Dea del Focolare fino a reincarnarsi.

Capitolo 4-Fonti sulla mitologia giapponese

Cerchiamo dati sulla mitologia giapponese da due diversi tipi di fonti. I canoni testuali esistono sia nello shintoismo che nel buddismo, da cui sono stati derivati i miti. Pochi di questi libri scritti hanno la stessa statura della Bibbia cristiana in termini di verità indiscutibile. Tuttavia, essi, come la Bibbia, contengono narrazioni di divinità ed eroi, così come precetti morali, obblighi rituali e spiegazioni del mondo.

Gli etnografi che hanno documentato miti orali, generalmente quelli delle Piccole Tradizioni, sono una seconda fonte. Gli etnografi giapponesi sono stati vigili nel registrare i miti e i racconti popolari, i riti e le tradizioni di comunità lontane e spesso desolate da Yanagida (anche Yanagita) Kunio e Origuchi Shinobu. Kindaichi Kysuke e Chiri Mashiho, per esempio, hanno fatto lo stesso per gli Ainu.

Il Canone Shintoista

I testi più importanti sulla mitologia shintoista sono raccolte di storie rivendicate scritte durante il periodo Heian. Il Kojiki (Record of Ancient Matters, compilato approssimativamente nel 712 E.V.) e il Nihonshoki (Record of Ancient Matters, compilato intorno al 712 E.V.) sono due dei più importanti (Cronache del Giappone, compilate intorno al 720 E.V., spesso indicato come Nihongi). Entrambi offrono narrazioni leggendarie (o almeno non verificabili) e storiche della storia del Giappone, dai tempi mitici fino al regno dei primi imperatori.

Nessuna delle due opere è stata vista in particolare rispetto fino al XVIII secolo (Nihonshoki leggermente più di Kojiki). Tuttavia, a metà del XVIII secolo, Motoori Norinaga, uno studioso di Kokugaku (National Learning), iniziò a lavorare sul suo enorme (49 libri) Kojiki-den, un commento al Kojiki. Le vecchie storie giapponesi, credeva, rappresentavano la storia della carta del popolo, libera da influenze confuciane o buddiste. L'elevazione del Kojiki, e con esso del Nihonshoki, è quindi ovviamente legata agli ideali politici legati alla caduta dello shogunato Tokugawa.

Entrambe le opere hanno un tono simile e coprono molto dello stesso terreno in modi leggermente diversi. Il Nihonshoki, d'altra parte, ha una varietà di versioni alternative della mitologia, come "Alcuni dicono questo, altri dicono che ..." Il Nihonshoki ha anche un'influenza più cinese, prendendo in prestito il vocabolario e le spiegazioni cinesi, mentre il Kojiki è più consapevolmente giapponese.

Entrambi i volumi sono composti da brevi capitoli, con il primo che racconta le azioni degli dèi e il secondo che descrive gli eventi durante i regni di specifici imperatori.

Il Nihonshoki ha una modesta attenzione a quest'ultimo e copre anche eventi legati all'avvento del buddismo, che il Kojiki ignora.

Ci sono alcune altre compilation di reputazione e importanza inferiori. L'Engishiki, ad esempio, è una raccolta di norito (preghiere declamatorie). Il Fudoki, una raccolta di storie locali, registri doganali e gazzettieri provenienti da varie parti del Giappone raccolti durante il periodo Heian, è un altro esempio. Molti di loro sono semplicemente scarti, mentre solo porzioni minori di altri sono stati tradotti in inglese.

In una varietà di stili, le fonti di miti eroici e successivi sono state registrate o menzionate. La mitologia giapponese può essere trovata in testi di recitazione di canzoni, opere teatrali e romanzi, anche se spesso si contraddicono a vicenda. Alcune, ma lontane da tutte, di questa letteratura, sono state tradotte in lingue diverse dal giapponese, come l'Heike Monogatari (Racconto dell'Heike).

Un'altra risorsa preziosa sono le arti grafiche. La pittura e la scultura giapponesi, così come le arti della lacca e della smaltatura, spesso raffigurano argomenti mitologici. Saggi, eroi e divinità buddiste sono spesso duplicati e raffigurati nell'arte, a volte con prosa o osservazioni poetiche.

Queste raffigurazioni sono cruciali per capire come i giapponesi pensavano agli eventi e alle figure mitiche durante periodi specifici.

Le persone costruiscono ancora bambole Daruma per assicurare lo sforzo, e offrono ancora le gigantesche scarpe di paglia Ni-o per i loro piedi nudi poiché le raffigurazioni di Daruma (il leggendario fondatore dello Zen) e dei guardiani del tempio Ni-o sono ancora "miticizzate" dalle persone di oggi.

Letteratura Buddista: i Sutra e i commentari

Il buddismo ha un grande corpo di letteratura. Subito dopo la morte di Shakyamuni fu intrapreso un tentativo di scrivere ciò che aveva detto durante i suoi quarantacinque anni di predicazione. Anche allora, c'erano differenze, con alcuni seguaci che effettivamente sostenevano: "Sì, hai ragione, il Buddha molto probabilmente ha detto questo e quello in un'occasione specifica, ma mi ha insegnato qualcosa di diverso in condizioni diverse".

Cento anni dopo, una seconda conferenza pan-buddista contribuì con più materiale, ma non diminuì i disaccordi o produsse un canone unificato di lavoro o qualsiasi affermazione simile alle basi documentate per il cristianesimo nella confessione di Nicea.

Mentre i seguaci del Buddha viaggiavano attraverso l'Asia orientale e centrale, continuarono a scrivere libri, tentando di spiegare o risolvere questioni che ritenevano importanti. Entrarono anche in contatto con altre ideologie, come lo zoroastrismo della Persia, il Bon del Tibet e persino il cristianesimo, e tentarono di interpretare gli insegnamenti del Buddha alla luce di ciò che avevano imparato.

Gli scritti buddisti di base sono divisi in sutra (sanscrito per "filo"). Questi sutra erano o rapide esposizioni dell'insegnamento buddista o saggi completi sull'argomento, inclusa la predicazione di Shakyamuni. In Giappone, due sutra sono particolarmente importanti: il Sutra del Diamante e il Sutra del Loto. La maggior parte delle interpretazioni buddiste giapponesi pone l'una o l'altra al centro delle loro credenze. Il problema, a nostro avviso, è che le personalità mitologiche citate sono spesso affrontate solo di sfuggita in queste opere.

Altre pubblicazioni, come l'esegesi da manoscritti indù, cinesi, tibetani e non più esistenti dell'Asia centrale, sono le risorse da cui è costruita gran parte della mitologia buddista giapponese.

Il Daizo Kyo (Collected Buddhist writings) contiene un canone di libri più o meno concordato, sebbene copra solo una parte di quelle che possono essere definite opere di origine buddista. Molte di queste opere sono state adattate da opere che da allora sono scomparse o hanno avuto un fascino generale limitato, ma hanno attirato l'attenzione di uno studioso o di un ecclesiastico.

La mitologia buddista giapponese include anche racconti popolari e racconti morali su o raccontati da miracoli buddisti e operatori di miracoli. Queste storie, molte delle quali sono state raccolte in compilation come il Konjaku Monogatari (ma solo alcune delle quali sono state tradotte dal giapponese), forniscono una ricca fonte di credenze su divinità e Buddha, così come miti sui loro poteri.

Ainu Yukari

Gli Ainu non avevano una propria lingua scritta. Forse, di conseguenza, sono riusciti a preservare una grande tradizione di poesia orale che è stata presentata pubblicamente. Gran parte della mitologia Ainu è stata conservata in Kamui yukar, o "epopea della divinità", in cui un cantante raccontava la storia di una divinità in versi.

Queste epopee, alcune delle quali erano lunghe oltre 7.000 versi, sono state cantate alle assemblee da un cantante che ha assunto il ruolo di Kamui (eroe della cultura). Una persona che poteva recitare una poesia nella sua interezza era molto apprezzata.

Le divinità e gli eroi erano i soggetti di questa poesia, che venivano tramandati di padre in figlio e di madre in figlia.

Quando il tempo e altre attività erano consentite, venivano ripetute in incontri formali e utilizzate come intrattenimento. I missionari occidentali e gli etnografi giapponesi (e successivamente alcuni Ainu addestrati in quelle scienze) iniziarono a registrare questa poesia, nota come Yukari, tra la fine del XIX e l'inizio del XX secolo con l'obiettivo di preservarle. Il significativo interesse degli Ainu per le proprie attività religiose, così come la pratica di memorizzare gli Yukari, ha assicurato che un gran numero di loro sia sopravvissuto.

Ciò significa che gran parte della poesia che è sopravvissuta è stata filtrata attraverso prospettive non Ainu. Nonostante questo, acquisiamo un senso delle preoccupazioni fondamentali della vita di Ainu: l'ambiente, i legami sociali e le questioni familiari.

Yukari è comunemente diviso in tre categorie: divinità Yukari, eroe Yukari e Yukari umano, e tutti raccontano la stessa storia. Di solito sono lunghe saghe sulle vite e le azioni di mortali e dei, narrate in prima persona. Yukari occasionalmente si contraddice a vicenda, assegnando vari attori agli stessi eventi o descrivendo lo stesso personaggio in modi diversi. Nella letteratura orale di una cultura strutturata in piccole bande relativamente isolate, questo non sorprende.

I Miti di Ryukyuan

Come detto in precedenza, i Ryukyuan sono forse le persone meno inclini al mito sul pianeta. Pochi Ryukyuan, compresi vari tipi di professionisti rituali, sono interessati a discutere miti o divinità di origine o a discutere questioni metafisiche in qualsiasi forma. Come accennato in precedenza, diverse storie di origine sono state raccolte su alcune delle isole, che sono paragonabili ai miti di origine trovati altrove, sia a sud (Taiwan e filippine) che a nord (Canada) (Giappone).

Occasionalmente, frammenti della storia sono conservati in varie opere, ma non esiste un "corpo" della mitologia Ryukyuan simile ai miti giapponesi o Ainu.

Le fonti stesse sono contrastanti e persino discutibili, rendendo la mitologia di Ryukyuan difficile da classificare. Sono disponibili due tipi di fonti. Un certo numero di etnografi e antropologi (tra cui Norbeck, Ouwehand, Sered e Robinson, così come un numero enorme di ricercatori giapponesi che non sono stati tradotti in lingue occidentali) hanno esaminato la religione dei Ryukyus in prima persona. Lo studio è stato limitato nella maggior parte dei casi perché si è concentrato su uno dei piccoli insediamenti insulari, limitando il grado di generalizzazione fattibile. Questi studi, d'altra parte, hanno offerto informazioni di prima mano dalle persone coinvolte.

I documenti scritti sono la seconda fonte di informazioni, con tre che sono i più importanti. Tra il 1531 e il 1623, Omoro Soshi fu raccolto. L'Omoro Soshi era una raccolta di poesie e letteratura con sfumature leggendarie. La monarchia di Okinawa era diventata uno stato subordinato dei signori Satsuma del Kyushu meridionale nel 1609, e questa collezione riflette le preoccupazioni giapponesi.

Lo stesso si può dire della seconda fonte. Il Ryukyu Shindo-ki fu scritto da Taichu-Shonin, un monaco buddista, nel 1638.

Questo rappresentava il suo punto di vista buddista, che tentava di tracciare somiglianze tra le sue preoccupazioni buddiste giapponesi e il suo lavoro missionario su Okinawa.

Infine, un politico e studioso di nome Tomohide Haneji scrisse Chuzan Seikan, un compendio paragonabile a quello di Taichu ma più approfondito.

Capitolo 5-La magia della mitologia

Le tradizioni sono una parte importante di ciò che rende distinta una cultura. Con il passaparola, la scrittura o l'esempio, le usanze di una cultura di mangiare, parlare, vestirsi e commemorare le festività vengono portate di generazione in generazione. Queste tradizioni possono cambiare nel tempo man mano che la tecnologia progredisce o le civiltà diventano più influenzate l'una dall'altra, ma è ancora possibile distinguere i modelli nel comportamento tradizionale di un popolo.

Uno degli aspetti più significativi della cultura tradizionale è la narrazione. Questi racconti possono presentare eroi o cattivi, creazione o distruzione, enormi battaglie vinte o perse, viaggi epici o avventure per bambini o animali. Un mito è un tipo unico di storia.

Miti, leggende, racconti popolari e fiabe

Le persone di solito possono identificare la differenza tra storie fattuali e storie che il narratore e il pubblico sono consapevoli che vengono date per l'intrattenimento; tuttavia, questo non è sempre il caso. Anche se le storie non sono autentiche, trasmettono comunque ideali. Non crediamo che le fiabe come Cenerentola siano reali, ma sappiamo che il comportamento di Cenerentola è superiore a quello delle sue sorelle, specialmente nella versione tedesca, in cui gli occhi delle sorelle di Cenerentola sono beccati da piccoli uccelli. Le fiabe, come leggende e miti, forniscono informazioni sui nostri sentimenti su noi stessi, sugli altri e sul mondo che ci circonda. I miti sono un tipo di storia che è stata inizialmente tramandata oralmente dal passaparola. La distinzione tra un mito e un racconto popolare, secondo gli studiosi di storie tradizionali, è che un mito è raccontato come fattuale. I miti sono storie in cui gli individui credono o a cui viene detto di credere dalle persone nella loro cultura.

Un mito, a differenza di un racconto, come quelli su Johnny Appleseed o Paul Bunyan, può essere ambientato nella storia antica, prima che il mondo come lo conosciamo esistesse.

Le informazioni riguardanti gli dei o le entità soprannaturali, così come le interazioni tra dei e umani, possono essere trovate nei miti.

I miti spesso spiegano come tutto è venuto ad essere come sono ora e forniscono risposte a domande riguardanti le origini dell'universo e della vita, come ad esempio: da dove viene il mondo? Come sono apparsi per la prima volta il sole e la luna nel cielo? Perché è necessario che gli individui muoiano? Dopo la morte, cosa ci succede? Qual è la differenza tra uomini e donne? Le cosmologie, o cosmogonie, sono miti che spiegano come è strutturato l'universo, come è iniziato e, in genere, dove gli esseri umani si inseriscono nel grande schema delle cose. Derivano dal termine greco kosmos, che significa "ordine". I miti istruiscono le persone su come trattare una divinità o dei, così come l'un l'altro. Chiariscono perché le persone osservano particolari feste o fanno determinati rituali (attività tradizionali o cerimonie come quelle associate alla nascita, al matrimonio, al diventare adulti e alla morte). I miti spesso trattano argomenti enigmatici e incomprensibili. Sono spesso sacrosanti e legati alla religione di una cultura; tuttavia, questo non è sempre il caso.

Anche gli eroi che sono in parte umani e in parte divini sono raffigurati nei miti. Dopo l'arrivo del buddismo, alcuni racconti giapponesi parlano di famosi maestri Zen, guerrieri o monaci. Loro, come il Buddha, sono persone storiche che si trasformano in esseri soprannaturali, il che non è un problema in una cultura in cui le persone diventano dei dopo la morte.

Interpretare la mitologia attraverso i secoli

Se la "falsità" viene in mente quando senti la parola "mito", potresti essere interessato a scoprire che il filosofo greco Platone l'ha pronunciata per prima.

Platone contrapponeva il ragionamento razionale con l'immaginazione leggendaria all'inizio del IV secolo aC. Platone considerava la mitologia l'opposto polare della ragione.

Platone e gli antichi greci ci hanno dato il concetto di un mito, che è un'interpretazione imprecisa di un evento scientifico o storico.

L'approccio scientifico contemporaneo e il modo di guardare e analizzare le prove sono stati lastricati dal pensiero dei filosofi greci.

Tuttavia, non ha messo fine al mito o alla religione o addirittura impedito ai miti di crescere, poiché il cristianesimo e l'islam hanno stabilito le religioni del mondo dopo Platone, ma ha fornito un nuovo modo di sollevare e rispondere alle domande riguardanti la creazione del mondo.

Il conflitto tra questi due modi di guardare il mondo è rimasto nel corso della storia. Durante l'età dell'Illuminismo, nei secoli XVII e XVIII, gli intellettuali scientifici respinsero ancora una volta i miti. I pensatori illuministi sostenevano che la mitologia ostacola la ricerca onesta. Hanno riflettuto sul perché la gente credesse a queste cose. Dopo aver studiato i popoli appena "trovati" (e sconfitti) del Nuovo Mondo, gli storici hanno teorizzato che la mitologia riflettesse una "infanzia dell'uomo" universale, in cui le nazioni inventavano storie per spiegare cose che non potevano capire altrimenti.

Perchè i miti di culture diverse suonano allo stesso modo?

Gli studiosi che esaminano i miti di diverse civiltà nel 18 ° e 19 ° secolo hanno iniziato a chiedersi perché le storie condividessero così tante somiglianze nonostante le differenze delle nazioni. Tutti i miti sono iniziati in un unico luogo e poi si sono diffusi in tutto il mondo mentre diverse tribù migravano e si fondevano? L'India è stata menzionata come un luogo probabile per le origini della mitologia mondiale.

Gli studiosi interessati alle origini della lingua tentarono di spiegare i parallelismi tra numerose lingue europee e del Vicino Oriente all'epoca. I ricercatori hanno rintracciato le origini delle lingue in una lingua indiana più antica e poi hanno raccontato come si sono evolute. Le somiglianze tra la mitologia, secondo alcuni studiosi, sono dovute alla diffusione delle culture. Questo è corretto in alcuni casi. Poiché le società si scambiavano storie, alcuni miti asiatici sono simili tra loro.

Sigmund Freud, uno psichiatra, ha proposto un'altra spiegazione per le connessioni mitologiche nel ventesimo secolo.

Ha proposto che i miti (e i sogni) incarnino le componenti fondamentali dell'esperienza umana nei simboli.

L'aggressività e l'amore, secondo Freud, sono le energie più fondamentali nella natura umana. I racconti, secondo Freud e il suo discepolo Carl Jung, non erano reliquie dell'"infanzia dell'uomo", e le somiglianze tra i miti non erano attribuibili alla loro diffusione da un'unica fonte. I miti, secondo Freud, sono manifestazioni cruciali e necessarie di aspetti essenziali della mente e dell'esperienza umana.

Un'esperienza umana reciproca

I miti sono visti da antropologi e folcloristi – scienziati sociali che ricercano le civiltà e le loro tradizioni – come una rappresentazione della cultura in cui vengono trasmessi. Cosa ci dicono le storie specifiche di questi eventi sulla cultura se, come sembra, la maggior parte delle società ha dovuto attribuire le origini del mondo e lo status degli esseri umani in quella creazione? Cosa hanno da dire i miti sulle persone? In che modo i miti istruiscono le persone su ciò che dovrebbero valutare e su come dovrebbero vivere? Questo metodo indaga sui contrasti e sui punti in comune tra la mitologia. Gli esseri umani nascono, crescono, invecchiano e muoiono; amiamo e detestiamo la nostra famiglia; guardiamo l'alba al mattino e ci meravigliamo della distesa del cielo notturno. Le culture, d'altra parte, celebrano e piangono in vari modi. Sono divisi sul fatto che il male sia inerente alla natura umana o se le persone siano fondamentalmente buone. Pongono una maggiore enfasi sull'individuo che sul collettivo, o viceversa. Vedono gli dei, le persone e gli animali come entità distinte con un ordine definito tra di loro, o vedono un universo in cui gli dei vivono in ogni roccia e topo. Un metodo per esaminare queste distinzioni è quello di indagare i miti di una cultura. Possiamo cercare di comprendere come gli altri individui vedono il mondo così facendo.

Capitolo 6-La Religione Giapponese

I giapponesi raccontarono storie sul kami prima di aver scritto, forse intorno al 300 aC.

I kami non sono dei nello stesso senso in cui lo è Zeus. Kami non è sempre tagliato fuori dal resto del mondo o dalle persone.

Kami, secondo uno studioso di nome Motoori Norinaga, sono le divinità della terra e del cielo, così come gli spiriti venerati nei santuari. Possono anche essere umani, piante e alberi, uccelli e bestie, montagne e oceani con un potere sorprendente e dovrebbero essere venerati

Onorare il kami non faceva parte della religione organizzata nei tempi antichi.

Il Giappone era un arcipelago di isole senza autorità centralizzata.

Clan, tribù e famiglie estese formavano la struttura sociale. La gente lavorava la terra, coltivava riso e rendeva omaggio ai kami nei santuari e a casa. Molti dei kami erano probabilmente noti solo alla famiglia che li venerava o agli abitanti di una singola città. "Secondo una delle vecchie cronache giapponesi", "Nel loro mondo, innumerevoli spiriti brillavano come lucciole, e ogni albero e cespuglio parlava. " Sappiamo che il popolo giapponese raccontò storie e stabilì santuari a importanti kami intorno al III o IV secolo E.V.

Il santuario di Amaterasu, la divinità del sole, è uno di questi. Lei, come il kami della luna e della tempesta e altri – i "Kami della pianura celeste" – mi ricorda più gli dei romani o aztechi. Sono esseri estremamente potenti che non appartengono a questo mondo e sono immortali. Lo Specchio Sacro, che svolge un ruolo cruciale in una storia di Amaterasu, è ospitato in un tempio a Ise.

Come detto in precedenza, la mitologia giapponese è composta da una varietà di tradizioni culturali. Le componenti religiose mescolate e spesso mescolate dello shintoismo e del buddismo sono le due influenze principali.

A questo si aggiungono le due culture "outrider" delle isole giapponesi, gli Ainu a nord e i Ryukyuans a sud. Ci concentreremo sullo shintoismo e sul buddismo come tradizioni religiose perché sono il fondamento di molta mitologia giapponese.

Shinto

Lo shintoismo, la religione nativa del Giappone, non ricevette il suo nome fino a quando i giapponesi non si sentirono in dovere di separare i loro riti locali da quelli del Bukkyo o Butsu-do (buddismo) importato. La riverenza e l'appello agli spiriti locali che abitavano in oggetti materiali, di solito naturali o perinaturali, erano fondamentali per la religione locale. Montagne, strani alberi, cascate, acqua, rocce stranamente formate e altri oggetti erano pensati per avere la capacità di influenzare volontariamente la vita delle persone (kami). Gli spiriti dei morti erano simili, anche se si pensava che risiedessero in un regno cupo e fetido, simile alla nozione greca classica di inferno. Kami poteva e si stabilì in tutto ciò che evocava timore reverenziale o semplicemente suscitava il suo interesse. Alberi, rocce, ruscelli e pietre dalla forma strana sono ancora oggi considerati kami in Giappone. Questo è in aggiunta alle montagne, al sole e ad altri elementi geografici e naturali significativi.

La religione locale poneva una forte enfasi sulla pulizia personale, così come sull'interazione diretta con il kami e sul dare doni.

Gran parte di questo è stato conservato nelle molte Piccole Tradizioni del Giappone. Le credenze indigene erano culturalmente specifiche e non scritte. Non c'era un limite pratico al numero di kami che potevano essere convocati. Alcuni kami, come il kami del campo di riso e il kami dell'acqua, si specializzarono.

Man mano che lo stato Yamato diventava più grande e più forte fu costretto a concentrarsi e controllare la sua gente, ricorrendo alla religione, tra le altre cose, come fecero molti stati. I kami locali, le loro storie e riti, furono quindi assorbiti o alterati per adattarsi alla Grande Tradizione imperiale, e il culto locale dello stato Yamato divenne il sistema religioso predominante nelle isole giapponesi. Di conseguenza, ci sono due caratteristiche che sono in qualche modo contraddittorie. Da un lato, una raccolta di racconti "fabbricati" originati da sforzi per combinare varie tradizioni è diventata la mitologia giapponese "mainstream", specialmente una volta che sono stati scritti. Queste sono le mitologie scritte pubblicate in tali stati giapponesi, spesso combinando credenze locali e invariabilmente caratterizzate da contraddizioni.

I racconti delle Piccole Tradizioni, d'altra parte, si trovano sotto questi miti della Grande Tradizione, adattandosi più o meno perfettamente alla struttura sottostante della Grande Tradizione. Santi e goblin, kami e demoni della mitologia locale hanno dovuto adattarsi al punto di vista prevalente, che gli piacesse o no: erano e sono tutti kami in qualche modo.

Solo dopo che divenne necessario separarlo dal buddismo, che fu portato in Giappone dalla Corea nel 522 d.C., la pratica di onorare il kami divenne nota come shintoismo, che significa semplicemente "la via del kami". Le storie dei kami sono state scritte e tramandate dal passaparola in questo periodo, grazie all'introduzione della scrittura dalla Cina. Tuttavia, il primo testo di storia shintoista che abbiamo è del 712 d.C. Si chiama Kojiki, o "Record of Ancient Matters", ed è stato scritto su richiesta dell'imperatore. Contiene racconti riguardanti la formazione del globo e delle isole giapponesi, le origini del sole e della luna e gli inizi della morte. Il Kojiki descrive anche l'importanza della pulizia rituale e del lavaggio, entrambi fondamentali per la cultura shintoista e giapponese.

Lo shintoismo è una religione che si concentra sulla nostra vita quotidiana.

Sebbene avesse il paradiso (l'Alta Pianura del Cielo, da cui hanno avuto origine gli dei primordiali) e un mondo sotterraneo (la Terra Oscura, un luogo impuro), la sua mitologia non aveva nulla in comune con il paradiso o l'inferno cristiano. Né è un luogo in cui gli individui vanno dopo la morte per essere puniti o ricompensati. Non ci sono comandamenti o istruzioni esplicite per vivere nel Kojiki. Non richiede nemmeno che le persone credano nel kami; racconta semplicemente storie su di loro. Il Kojiki ha anche una genealogia del dio (albero genealogico), che afferma che la linea dell'imperatore discende dal sole kami. (L'ordine di scrivere il Kojiki fu dato per migliorare la pretesa della famiglia imperiale di governare in un periodo in cui il buddismo e altre influenze cinesi stavano guadagnando terreno e le numerose tribù non erano ancora completamente sotto il controllo dell'imperatore.) Il libro avrebbe dovuto dimostrare che l'imperatore non era un kami qualsiasi, ma piuttosto un discendente del kami più potente.)

Lo shintoismo, a differenza di molte altre religioni, non era fondato sulla credenza in un libro sacro o sull'accettazione di certe storie o dottrine. Lo shintoismo non è emerso dalle credenze o dalle esperienze di una singola persona. Le cerimonie spirituali di lavaggio e purificazione, così come le offerte ai kami, come cibo o gettoni acquistati nei santuari, sono al centro dello shintoismo. Una preghiera o una richiesta è generalmente accompagnata da questi gettoni. Lo shintoismo ha le sue origini nelle celebrazioni comunitarie e familiari della semina primaverile annuale e del raccolto autunnale, così come nelle nascite e nei matrimoni. Lo shintoismo onora e si concentra sulla natura poiché i kami sono ovunque, in tutto.

Poiché ogni kami ha la capacità di essere creativo o distruttivo, gentile o aggressivo, questo concetto di prestare attenzione alla natura è cruciale.

Le cerimonie aiutano le persone a evitare le tendenze distruttive e furiose del kami. Aiutano anche le persone a evitare i loro lati aggressivi e distruttivi. Nella mitologia giapponese, una battaglia costante tra il bene e il male ha poco senso. Anche così, gli esseri umani commettono errori di volta in volta, e devono riconoscere e correggere i loro errori.

Il Pantheon Shintoista

È una collezione di divinità e dee shintoiste.

Sebbene ci siano molti tipi diversi di kami, alcuni di essi sono particolarmente importanti nella mitologia shintoista.

IZANAGI E IZANAMI, gli dei originali che hanno creato il mondo e innumerevoli altri dei, sono le principali divinità del pantheon shintoista.

AMATERASU, la dea del sole e sovrano del cielo, il cui nipote, secondo la leggenda, divenne il primo imperatore del Giappone.

TSUKI-YOMI, il dio della Luna e fratello di Amaterasu.

SUSANO-WO, il dio della tempesta e fratello di Amaterasu. Fu espulso dal cielo a causa di una lite con sua sorella.

NINIGI-NO-MIKOTO, nipote di Amaterasu, fu incaricato di governare il mondo.

Miti shitoisti

Prima che fossero scritti, la gente aveva raccontato parte di questa mitologia shintoista per generazioni. Furono scritti per l'imperatore, sotto la sua direzione, nel Kojiki, durante un periodo in cui il Giappone stava riflettendo sui suoi legami con le culture cinese e coreana. Le storie shintoiste nel Kojiki sono resoconti ufficiali destinati a mostrare la divinità dell'imperatore, tra le altre cose.

Tuttavia, c'erano molte versioni registrate e orali di questi miti prima di allora. I Katari-be, o "corporazioni di recitatori", esistevano anche prima di scrivere, ma divennero meno importanti dopo che le storie furono scritte. Esistevano molte varianti della mitologia, come in genere accade. Non ce n'era necessariamente uno che fosse "corretto".

Kami

Kami è al centro delle prime attività religiose giapponesi. La parola è comunemente resa come "dei" o "divinità" in inglese, ma la nozione è molto più intricata.

Kami può essere classificato in due gruppi. Il primo riguarda gli eventi naturali. Una montagna o un ruscello, ad esempio, può essere considerato la casa di un kami.

Durante la stagione di crescita, un kami di montagna può essere avvistato assistendo un agricoltore fornendo acqua.

Sebbene questo spirito o energia possa non sempre sostenere gli esseri umani, il suo favore può essere vantaggioso per loro. È vero anche l'inverso: un kami infuriato può devastare.

Gli spiriti antenati, noti anche come Uji-kami o divinità del clan, sono il secondo tipo di kami. Questi spiriti possono essere in grado di aiutare le persone nel presente. Tuttavia, fanno molto di più. Onorare i propri antenati aiuta a riunire la famiglia più ampia che discende da loro. Il clan e la società nel suo complesso traggono beneficio dal mantenimento di queste relazioni. Questi spiriti ritengono una persona responsabile delle sue azioni. Quando una persona fa qualcosa di disonorevole, anche gli antenati sono caduti in disgrazia.

La struttura kami rispecchiava l'organizzazione della società, con leader o re in alto e "gente comune" in basso. Il kami più potente può essere in grado di aiutare un intero villaggio o regione.

Non esiste un kami onnipotente o impeccabile. Nella mitologia giapponese, gli ujikami (ujigami) eseguono spesso cose che gli umani farebbero, come mettersi in difficoltà o offendere le persone. Assomigliano agli dei greci o romani in questo modo.

I santuari dei kami, così come la maggior parte delle preghiere e dei rituali che li affrontavano, non erano molto decorati all'inizio del Giappone.

I funzionari del governo locale erano anche responsabili del mantenimento dei santuari e dell'esecuzione di rituali che commemoravano importanti antenati del clan. Di conseguenza, religione e governo erano intrecciati nel tessuto sociale.

Alcuni membri del clan avevano il diritto o il permesso di mantenere santuari kami ancestrali. Chiunque, tuttavia, potrebbe pregare un kami, sia che si tratti di un dio antenato o di uno associato a un evento naturale.

I primi riti shintoisti includevano sciamani, che potevano parlare con kami e impiegare il potere soprannaturale per guarire gli umani.

Le donne costituivano la maggioranza di questi sciamani. La funzione dello sciamano è stata tramandata attraverso le generazioni in alcune famiglie. Per contattare i morti e convocare gli dei, avevano processi e cerimonie particolari.

Secondo l'antica storia giapponese, ci sono circa otto milioni di kami. Ci sono più kami di quanti chiunque possa contare, anche se la quantità non era intesa letteralmente.

Ogni borgo aveva le sue specifiche forze di divinità e spiriti che lo custodivano.

Ogni famiglia ha onorato i loro antenati e le loro madri.

E raccontare storie o miti su persone che erano andate prima era un metodo vitale per le famiglie per ricordare il passato e allo stesso tempo dimostrare il loro posto nel presente.

Buddismo

Nel 5 ° e 6 ° secolo aC, l'India era il luogo di nascita del buddismo.

La religione, che fu fondata da Siddhartha Gautama, il Buddha, o "Illuminato" (noto in Giappone come SHAKA), riconobbe che essere umani implica sofferenza. Per essere liberi dal dolore, bisogna rinunciare ai desideri e percorrere l'OTTUPLICE Sentiero Morale.

Il buddista deve pensare, agire, determinare, parlare, agire, lottare, conversare e concentrarsi in conformità con questi otto precetti. Un'anima può raggiungere il Nirvana, o ILLUMINAZIONE, solo così facendo.

Persone diverse definiscono l'illuminazione in modi diversi. Potrebbe essere visto come una via d'uscita dal ciclo infinito della RINASCITA o come uno stato infinito di felicità e tranquillità.

Il buddismo fiorì in tutta l'Asia, raggiungendo infine la Cina nel I secolo d.C. Nel sesto secolo, si era fatto strada dalla Cina alla Corea e infine al Giappone.

Quando il monarca coreano consegnò all'imperatore giapponese una statua d'oro del Buddha nel VI secolo E.V., il buddismo fu introdotto in Giappone. A quel tempo, il buddismo era in circolazione da 1.000 anni e aveva assunto diverse forme in diverse parti del mondo.

A differenza dello shintoismo, una religione giapponese senza fondatore o teologia, il buddismo aveva sacerdoti, un gran numero di scritture scritte e credenze ben definite. L'idea che le persone siano destinate a imparare l'illuminazione e alla fine a sfuggire a se stesse dal ciclo della reincarnazione – morte e rinascita – e da un mondo fisico di dolore è al centro di queste credenze.

C'erano molte diverse sette o forme di buddismo durante il periodo. Le sette hanno evidenziato vari insegnamenti da e su BUDDHA. Gradualmente svilupparono punti di vista opposti sulla natura del cosmo e su come l'illuminazione può essere raggiunta.

Mentre condividevano molte credenze, le sette erano divise dai loro disaccordi.

I principi di una scuola conosciuta come MAHAYANA, o "Veicolo Maggiore" o "Vaso Maggiore", il BUDDISMO divenne il tipo di buddismo più influente in Giappone. Il Buddha innato è presente in tutti gli animali, secondo una delle principali dottrine di questa scuola. L'illuminazione può essere raggiunta se una persona può connettersi con quel carattere innato. Tuttavia, per la maggior parte di noi, farlo senza assistenza è difficile, se non impossibile.

I buddisti Mahayana ritengono che il Buddha storico fosse solo un'incarnazione del Buddha eterno o potere vitale. Ci sono stati molti Buddha, e c'è costantemente un Buddha nell'universo, secondo il buddismo Mahayana. Questi potenti esseri hanno molti "elementi", o attributi, che evidenziano diversi aspetti del Buddha perpetuo.

Inoltre, ci sono un certo numero di BODHISATTVA, o Futuri Buddha (BOSATSU in giapponese), che possono aiutare le persone a raggiungere l'illuminazione.

Piuttosto che la versione coreana del buddismo, il buddismo cinese fu infine adottato dalla corte giapponese e poi dal pubblico in generale.

Il buddismo cinese, d'altra parte, è stato assorbito e alterato piuttosto che essere sostituito dallo shintoismo, poiché la società giapponese si adatta e reinterpreta tutto ciò che impara dalle culture straniere.

Se consideriamo la cultura come una zuppa ricca, l'introduzione del buddismo cinese in Giappone non è stata come aggiungere noodles, che sono separati dal brodo, ma piuttosto come aggiungere un ingrediente che diventa parte del brodo stesso. Questa fusione di shintoismo e buddismo è persistita fino ad oggi.

Il buddismo ha introdotto il concetto di aldilà nella religione giapponese, descrivendo un tempo in cui le persone venivano valutate, poi premiate o punite. Le distinzioni tra buddismo e shintoismo sono spesso confuse. Ryobu-Shinto, o "Doppio Shintoismo", si riferisce alla fusione di dottrine buddiste e shintoiste.

Il buddismo predica la redenzione personale e la libertà dal ciclo di nascita, morte e rinascita, sebbene abbia molti rami diversi.

Insegnava che le persone dovevano seguire gli insegnamenti del Buddha, che fu il fondatore della religione e in seguito divenne oggetto di molti racconti. Un altro ramo ha detto che gli individui potrebbero cercare assistenza da una pletora di dei minori, che sono più simili ai santi o ai kami in Giappone, che hanno abbracciato questa versione del buddismo.

Ci sono anche una varietà di divinità buddiste e altri esseri che possono essere invocati. Questi rappresentano collettivamente una vasta gamma di figure mitologiche. La loro origine è complessa, ma la maggior parte di essi può assumere forme umane o quasi umane.

Poiché un dio buddista poteva assumere molte forme diverse, sembrava ragionevole proporre che certi kami fossero semplicemente Buddha o bosatsu sotto mentite spoglie.

La fusione di buddismo e shintoismo

Il monaco buddista Kobo DAISHI è accreditato di aver sviluppato la dottrina che consente alle due religioni di lavorare insieme. RYOBU-SHINTO, o "Shintoismo con due facce", era la sua teoria.

Era concepibile collegare gli dèi shintoisti con entità della mitologia buddista usando questo approccio. Amaterasu, ad esempio, può essere considerato l'equivalente giapponese di Vairocana, il cui nome significa "simile al sole".

Vairocana è l'incarnazione onnipotente e solare del Buddha perpetuo. In questo modo, il dio shintoista più significativo era considerato una controparte del membro più essenziale del pantheon buddista.

Il ramo TENDAI del buddismo ha escogitato un concetto simile. SANNO SHINTO era il nome della filosofia. Il Buddha globale è la figura centrale e più significativa del buddismo Tendai. I devoti tendai, d'altra parte, si rendono conto che Buddha usa una varietà di veicoli per aiutare le persone a ottenere l'illuminazione, tra cui divinità minori, scritture e storie, come insegnato nel Sutra del Loto. Nel buddismo e nello shintoismo, questa filosofia sosteneva il sincretismo o la mescolanza di credenze diverse. Ha spinto i devoti a esplorare analogie e stabilire legami tra molti dei e tradizioni.

L'abbraccio del buddismo da parte del clan SOGA, una potente famiglia alla corte imperiale, aiutò l'accettazione della religione, ma molti incendi e altri disastri furono attribuiti agli dei buddisti che si intromettevano in luoghi sacri al kami shintoista. Infine, i sacerdoti shintoisti del santuario statunitense, devoti ad HACHIMAN, presero parte a un rituale a metà dell'VIII secolo per estendere la protezione del kami a un tempio buddista costruito a Nara. Altri kami furono convocati poco dopo per difendere altri TEMPLI.

I buddisti hanno ricambiato il gesto. Hachiman, un personaggio mitico giapponese, è stato designato come una figura mitica buddista o bosatsu. Gli insegnanti buddisti stabilirono la convinzione che i kami fossero disinformati man mano che l'influenza buddista cresceva. Di conseguenza, l'influenza buddista era necessaria per aiutarli a raggiungere l'illuminazione. Per facilitare il processo, fu costruito un tempio vicino ai santuari shintoisti. Durante il periodo Yamato, i santuari shintoisti erano sempre più elaborati. I templi del santuario combinati erano ancora più impressionanti.

Sacerdoti e altri specialisti possono creare confini chiari tra i molti dei. I due sistemi, tuttavia, tendevano a mescolarsi nella mente della maggior parte delle persone. Sia le figure kami che quelle buddiste possono essere onorate. Essere buddisti non implicava l'abbandono dello shintoismo.

Il Pantheon buddista

Il buddismo Zen è stato fondato da Bodhi Dharma, un monaco indiano che ha viaggiato in Cina. Un giorno si addormentò mentre praticava la meditazione. Era così infuriato con se stesso quando si svegliò che si tagliò le palpebre, assicurando che non avrebbe mai più dormito. Le prime piante di tè spuntarono dalle sue ciglia. Il tè è considerato sacro dai buddisti Zen, ma contiene abbastanza caffeina per mantenere le persone sveglie. Nonostante il fatto che bodhi Dharma sia considerato una figura storica, il racconto è simile al mito shintoista in cui le parti del corpo di un dio reciso vengono convertite in prelibatezze vitali per la civiltà.

In Giappone, ci sono tre divinità buddiste: Amida, Kannon e Jizo, tutte considerate divinità della misericordia. (Ci sono anche numerosi altri dei, anche se sono meno noti.)

Dalla Cina, il primo dio, Amida (Buddha), fu tramandato alla cultura giapponese. Poiché l'India è il luogo di nascita del buddismo, deriva dalla figura sanscrita Amitabha. Amida è un bodhisattva ("essere illuminato") che ha aspettato che tutta l'umanità fosse redenta prima di cercare la salvezza per se stessa.

Kannon, il secondo dio della gentilezza, è un bodhisattva il cui desiderio di proteggere l'umanità si manifesta come salvezza ritardata.

È un Dio che custodisce i bambini (e le donne durante il parto). Kannon è venerato tra i buddisti giapponesi per la sua saggezza e i suoi consigli. Senju Kannon, o il "Kannon delle mille braccia", è la rappresentazione più comune di Kannon.

Queste foto assomigliano a quelle dei bodhisattva indiani, che sono raffigurati con tutte le braccia spiegate in un atteggiamento compassionevole. Senju Kannon è spesso visto in Giappone con una piccola Amida in testa.

Kannon è talvolta rappresentato come una figura dalla testa di cavallo con un terzo occhio o come una figura che tiene il loto.

Jizo è la terza manifestazione del dio buddista della misericordia.

Lui, come Kannon, custodisce i bambini, in particolare quelli che sono morti. Jizo custodisce anche gli spiriti di coloro che soffrono. I buddisti in Giappone credono che Jizo possa salvare le anime tormentate dalla dannazione. In Giappone, ci sono molti templi dedicati a Jizo.

È difficile creare una dichiarazione sull'intero pantheon buddista, o collezione di creature sacre, che sia completa e accettabile per tutte le sette e le pratiche. Tuttavia, per il bene di questo libro, questi esseri possono essere divisi in tre categorie: Buddha, Bosatsu e Re o Guardiani.

"Buddha" significa semplicemente "colui che ha raggiunto l'illuminazione" nella sua definizione più elementare. Tutti i buddisti credono che il fondatore del buddismo abbia raggiunto l'illuminazione. La maggior parte delle persone crede anche che altri abbiano fatto lo stesso. AMIDA, una delle principali divinità per le sette PURE LAND, è il Buddha più importante del Giappone. Pronunciare il suo nome dopo la morte, secondo i credenti, mise l'anima nella Terra Pura, dove l'illuminazione era raggiungibile.

I Bosatsu, o "futuri Buddha", sono spiriti che hanno completato i loro preparativi per l'illuminazione, ma hanno scelto di rimandarla per servire gli altri. (Vale la pena notare che l'illuminazione del bosatsu è già garantita.) I bosatsu più importanti in Giappone erano FUDO, una versione del dio indiano Shiva, KANNON, il bosatsu dell'empatia, e FUGEN, il bosatsu della razionalità, secondo gli esperti.

Ultimo ma non meno importante, ci sono "Buddha feroci", così come monarchi e guardiani, nel pantheon buddista.

I feroci Buddha combattono per loro. Est, Ovest, Nord, Sud e Centro sono i cinque punti bussola del cielo.

Questi sono conosciuti in Giappone come MYO-O, e le loro raffigurazioni possono essere trovate comunemente a guardia di templi e monasteri buddisti. Gli ingressi e i santuari del tempio sono anche sorvegliati da due divinità minori conosciute come NIO o GUARDIAN KINGS.

Con l'eccezione delle sette in Sri Lanka, dove Pattin è venerato come una divinità significativa, ci sono poche divinità femminili nel pantheon buddista. Questo è il risultato delle norme di genere del periodo, che hanno messo i maschi in una posizione più forte nella maggior parte delle civiltà in cui è sorto il buddismo.

In una singola affermazione, i seguenti sono gli dei buddisti adorati in Giappone

Amida, potente custode dell'umanità

DAINICHI NYORAI un Buddha significativo che è particolarmente venerato dalle sette Tendai e SHINGON.

Fugen, il futuro Buddha della conoscenza e dell'intuizione (bosatsu)

Kannon è un bosatsu con una varietà di forme.

Fudo, un Myo-o che combatte l'avarizia, la rabbia e la follia.

JIZO è un bosatsu estremamente potente.

EMMA-O, il dio del diavolo.

IDA-TEN, che tiene d'occhio i monasteri.

Influenze da altre culture cinesi

Mentre il buddismo fu l'impatto cinese più significativo sulla mitologia giapponese durante l'era Yamato e gli anni successivi, ci furono altre significative ripercussioni cinesi sul Giappone durante l'era Yamato e gli anni successivi.

Il taoismo e il confucianesimo furono i più influenti in termini di mitologia. Il confucianesimo è una scuola di idee ed etica che ha avuto un'influenza significativa sulla società e sulle istituzioni giapponesi pur non essendo una religione. Durante l'era della crescente influenza cinese in Giappone, il taoismo si fece strada nel paese.

Il Tao, o "Via", incorpora la vecchia religione popolare cinese e le credenze con la filosofia.

Uno dei concetti di base del Taoismo è che si dovrebbe accettare il metodo dell'universo di fare le cose; il destino è inevitabile, e bisogna piegarsi ad esso come un giovane albero coperto di ghiaccio durante una tempesta di vento.

L'idea che tutto sia generato da due energie opposte, o yin e yang, è importante anche per il taoismo e il pensiero cinese. Tutta la realtà è modellata dalla giustapposizione di opposti, come il caldo e il freddo, la vita e la morte. Questo concetto è centrale per l'onmyo, uno stile taoista di divinazione che arrivò in Giappone durante questo periodo di tempo dalla Cina. Onmyo-ji, o sacerdoti erranti, ricercavano presagi e davano consigli su quando fosse il momento migliore per fare cose come sposarsi.

Capitolo 7-Storie di dei e dee giapponesi

Secondo i giapponesi, ci sono più di otto milioni di kami, o "800 miriadi". Questa non dovrebbe essere una cifra precisa. Dal momento che tutti e tutto sono un potenziale kami, otto milioni è un altro modo di significare innumerevoli– o forse illimitati.

Alcuni degli innumerevoli Kami sono paragonabili agli dèi e alle dee greche, romane ed egiziane.

Provengono da un tempo prima del mondo contemporaneo, quando i kami si formavano e combattevano tra loro, mandavano la morte nel mondo e occasionalmente agivano male, come rovinare i canali di irrigazione e uccidere i parenti.

Hanno anche agito in modi che ci si aspettava che i giapponesi agissero, come lavarsi le mani con acqua. Una delle cose che hanno mantenuto le storie intriganti e sconcertanti per migliaia di anni è la propensione degli dèi per atti orribili.

A volte è bene pensare al kami come a un modello di cosa non fare in Giappone. Le loro disavventure dimostrano ciò con cui possono farla franca – o meno – ma ciò che noi, come semplici esseri umani, non possiamo. Le loro azioni indicano che non appartengono al nostro ambiente moderno, ma piuttosto a un'epoca precedente. Quando un dio entra negli inferi e si trova in difficoltà, ci istruisce a lasciare soli gli inferi. Impariamo anche a conoscere il concetto culturale dell'aldilà. È un regno di sporcizia e deterioramento nella mitologia giapponese e shintoista.

Le Divinità dei Cieli

I primi tre kami apparvero prima che ci fosse respiro o forma, prima che il cielo e la terra fossero divisi e prima che ci fossero i nomi. Sono passati inosservati. La terra "andava alla deriva come una medusa" e appariva come "olio galleggiante". Qualcosa di simile a giovani canne spuntò e da loro emersero altri due kami invisibili. Sono conosciute come le Divinità Celesti Separate e non sono descritte poiché non sono viste. Apparvero altri dei, ma erano tutti invisibili (almeno per gli umani). Takamagahara, o le "Alte Pianure del Cielo", è la patria di questi dei.

Amanominakanushi-nokami, o "Signore del Centro del Cielo", era il più antico di questi dei. Takamimusubi e Kamimusubi erano altri due kami delle Alte Pianure del Cielo. Le cinque Divinità Celesti Separate furono prodotte da questi tre kami, così come due divinità minori di nome Umashiashikabihikoji-no-kami e Amanotokotachi-no-kami, che furono seguite da sette generazioni di dei e dee celesti.

La creazione del mondo di Izanagi e Izanami

Izanagi-no-Mikoto ("L'Augusto-distinto e il grande-Maschio") e Izanami-no-Mikoto ("L'Agosto-distinto e la grande-Moglie") furono le ultime due divinità celesti create ("La Femmina d'Agosto"). Le altre divinità celesti diedero loro la lancia celeste ingioiellata e dissero loro di "completare e solidificare il continente alla deriva".

Sul Ponte Galleggiante Celeste, Izanagi e Izanami si trovavano (forse un arcobaleno o la Via Lattea). Agitavano i mari salati primordiali con la lancia, koworo korowo ni, generando un suono agitato. L'acqua di mare gocciolava giù quando sollevarono la lancia, formando una terra solida: l'isola di Onogoro.

Izanagi e Izanami discesero dal cielo per costruire un pilastro e un castello su quest'isola.

Izanagi da sinistra e Izanami da destra accettarono di camminare intorno al pilastro.

Izanami è stato il primo a parlare quando si sono incontrati. Poi Izanagi disse qualcosa. Era, tuttavia, insoddisfatto. Affermò che l'uomo doveva essere quello che doveva parlare per primo. Ebbero un figlio poco dopo, ma Hiruko era una creatura malformata conosciuta come una "bambina sanguisuga", così la misero su una barca di canna e la portarono in mare. (Dopo la nascita del primo figlio di una coppia, un vecchio rituale giapponese prevede di mettere una statuetta di argilla in una piccola barca di canna e gettarla in mare.)

Izanagi e Izanami decisero di parlare con le divinità celesti di ciò che era andato storto, e le divinità condussero la divinazione riscaldando la scapola di un cervo e studiando le fratture che apparivano. Gli dèi consigliarono loro che l'uomo avrebbe dovuto essere l'unico a parlare per primo. Il bambino del diavolo è nato come risultato di sua madre che parlava a turno durante il rituale di corteggiamento, una leggenda che alcune persone sentono oggi aggiunge o riflette le disuguaglianze tra uomini e donne nel Giappone moderno.

Successivamente, Izanagi e Izanami tornarono sull'isola e ripeterono il processo, con Izanagi che parlò per primo questa volta. Izanami ha poi dato vita alle otto isole del Giappone.

I kami, che in seguito avrebbero abitato e governato le isole, nacquero dopo. Gli dèi del vento, gli dei del mare, gli dei, gli dei degli alberi, gli dei delle montagne, gli dei delle pianure, gli dei delle stagioni e molti altri erano tra questi.

La morte di Izanami

Izanami fu bruciato e si ammalò mentre dava alla luce Kagu-tsuchi, il dio del fuoco. Ha vomitato gli dèi del metallo e dell'estrazione mineraria durante le sue ultime lotte. Urinava sugli dèi dell'acqua e sulla flora verde acquatica. Ha escreto e gli dèi dell'argilla o del suolo sono stati trovati nel suo sterco. Morì dopo e Izanagi la seppellì.

Nella sua angoscia, Izanagi singhiozzò e si infuriò. Egli rispose: "Ho rinunciato alla mia adorabile sposa in cambio di un figlio semplice". Le sue lacrime diedero alla luce il kami noto come la "Donna della palude piangente". In un impeto di ira, estrasse la sua spada e tagliò la testa di Kagu a Tsuchi. Altri dei, conosciuti come kami, "nati da una spada", furono creati dal sangue del dio del fuoco e da tutte le sue parti del corpo. Sono divinità del fuoco e delle rocce, così come gli dèi vulcani e dei terremoti.

Per trovare sua moglie, Izanagi viaggiò nella regione delle tenebre, Yomi-tsu-Kuni, gli inferi.

"L'ho trovata vicino alla cupa porta degli inferi, avvolta nell'ombra", osservò quando la trovò "h, mia adorabile sposa, le terre sono ancora in costruzione. " Devi tornare!" Fece un passo indietro e esortò Izanagi a non guardarla negli occhi.

Era già troppo tardi. Izanami aveva precedentemente "mangiato al focolare", il che significava che aveva avuto piatti della malavita. Disse, tuttavia, che avrebbe chiesto agli dei Yomi se poteva tornare sulla terra e che Izanagi non avrebbe dovuto guardarla. Tuttavia, è diventato ansioso e curioso mentre la mamma era via. È passato molto tempo. Si ruppe un dente dal pettine tra i capelli e lo usò come torcia poiché era disperato nel vedere di nuovo sua moglie. Entrò nella camera dove Izanami era andata e la riconobbe immediatamente come un cadavere in decomposizione brulicante di vermi striscianti. Izanagi era terrorizzato e corse, ma Izanami era furioso con lui per averla umiliata. Le streghe di Yomi furono inviate per inseguirlo. Izanagi gettò giù la vite dei capelli e produsse uva, che le streghe fermarono e mangiarono. Strappò il pettine dai suoi capelli e lo gettò giù quando lo inseguirono di nuovo.

Questa volta portava germogli di bambù. Le streghe si fermarono e mangiarono ancora una volta.

Izanagi si imbullonò ancora una volta, con la spada che si agitava dietro di lui. Gettò tre pesche contro i suoi inseguitori (che a quel tempo comprendevano le hags, i guerrieri Yomi e otto divinità del tuono che si erano formate nel corpo di Izanami) e li implorò di aiutarlo, cosa che fecero.

Izanami lo inseguì in quel momento, ma lui le sfuggì e spostò una massiccia roccia per bloccare il passaggio tra di loro. Divorziarono dopo aver infranto i loro voti nuziali. Izanami ha promesso che avrebbe ucciso 1.000 persone ogni giorno, mentre Izanagi ha giurato che avrebbe dato alla luce 1.500 persone ogni giorno, tenendo conto sia della mortalità umana che della crescita della popolazione.

Izanami fu trasformato in un kami della terra della morte. Nel mito shintoista, è una regione di oscurità, decadimento e inquinamento piuttosto che un luogo di punizione o giudizio (nel senso di impurità rituale).

La nascita del Sole e delle Luna

Secondo Izanagi, "Ho visitato una terra terribile e sporca. " Ho bisogno di purificarmi". (Dopo un periodo di lutto, i giapponesi continuano a fare un bagno rituale.) Izanagi fece il bagno alla foce di un torrente a Hyuga (Kyushu nord-orientale), togliendosi le vesti da dove nacquero numerosi Kami. Altri dei nacquero come risultato del suo bagno.

Gli ultimi tre sono stati i più cruciali. Amaterasu-no-Mikoto, letteralmente "August [importante] Persona che fa risplendere i cieli", è nato quando si è lavato l'occhio sinistro. Tsuki-Yomi-no-Mikoto ("la Luna d'Agosto") nacque quando si bagnò l'occhio destro. Susano no-Mikoto ("il maschio infuriato di agosto") è nato dopo essersi pulito il naso.

Izanagi era felicissimo alla vista di questi tre grandi figli, e conferì loro il suo potere. Decise di dividere la terra e assegnarne una parte a ciascun dio. "Regnerai sulle Alte Pianure del Cielo", mormorò ad Amaterasu, consegnandole una collana tintinnante.

"Controllerai il regno della notte", disse a Tsuki.

"Controllerai l'oceano", disse a Susano, nonostante il fatto che Susano sia anche il kami delle tempeste che sorgono dal mare.

Susano singhiozzò e ululò fino a quando la vegetazione di montagna appassiva e fiumi e mari si prosciugavano, e Amaterasu e Tsuki partirono per governare i regni che erano stati loro affidati obbedientemente.

(Sembra che abbia esaurito l'approvvigionamento idrico del mondo piuttosto che aggiungerlo, come una tempesta avrebbe fatto in seguito.) "Perché piangi e ululi invece di controllare il territorio che ti è stato affidato?" chiese il padre. Susano rispose: "Desidero visitare la patria di mia madre".

Inzaghi era furioso, ed espulse Susano, affermando: "Non puoi risiedere nel mio territorio". Ci sono due finali di quest'ultimo mito. Susano ascese al cielo e ora risiede nel Palazzo Minore del Sole. Susano è custodito a Taga (nella prefettura di Shiga, Honshu) nell'altra versione di questa narrazione.

Susano sfida sua sorella

Susano dichiarò che se fosse stato esiliato, avrebbe prima visto sua sorella, Amaterasu. Le montagne e i fiumi urlavano quando arrivò. Il terreno tremò. La dea del sole lo scambiò per il tentativo di suo fratello di impadronirsi del suo territorio, e si preparò per una lotta. Indossava due faretre di frecce, una con 1.000 frecce e l'altra con 500 frecce, e legava i suoi lunghi capelli a mazzi. Calpestò il terreno, immergendosi sulle cosce e calpestando la terra come se fosse neve leggera, indossando la protezione del braccio che protegge il braccio dalla corda dell'arco. "Cosa ti ha portato qui?" chiese a suo fratello.

Amaterasu non era sicura di dover credere a Susano quando lui giurò di non avere cattive intenzioni. Accettarono una competizione in cui ognuno di loro avrebbe dovuto avere figli. La spada di Susano è stata richiesta da Amaterasu. Masticò i pezzi e sputò fuori tre dee dopo averli spezzati in tre pezzi e averli lavati. Susano chiese la corda per capelli di Amaterasu, la masticò e sputò fuori un dio maschio. Le viti tra i capelli e le perline sulle braccia erano trattate allo stesso modo.

Chi è arrivato in cima? Non riuscivano a mettersi d'accordo su nulla. Susano aveva generato i figli maschi, ma lei ne rivendicò la proprietà perché aveva utilizzato gli oggetti di Amaterasu. Lui, d'altra parte, ha affermato che la competizione aveva lo scopo di testare la sua sincerità. Lo confermò assistendo alla nascita delle prime tre "fanciulle aggraziate".

Susano allora andò su tutte le furie. Coprì i fossati di irrigazione e ruppe le creste tra le risaie di sua sorella. Defecò nella sala dove venivano consumati i primi frutti, spargendo i suoi escrementi.

Amaterasu non lo rimproverò, forse nella speranza di calmarlo, ma non funzionò. Susano poi scuoiò un pony celeste all'indietro e lo sollevò attraverso il tetto della sala di tessitura celeste dove sua sorella stava cucendo (forse uno pezzato, maculato, che dovrebbe imitare le stelle in molte culture). Una fanciulla tessitrice fu sorpresa fino al punto di ferirsi e morire.

Il sole si nasconde

Amaterasu era terrorizzata, così si rifugiò nella Grotta della Roccia Celeste, o Ama-no-iwato, una grotta o dimora nella roccia. Il mondo degli umani era nell'oscurità sull'Alta Pianura delle Divinità Celesti e sulla Terra Centrale delle Pianure di Canne. L'unica notte era lì. Le grida dei kami divennero più forti di terrore e si verificarono eventi orribili.

Omopi-Kane-no-kami ha riflettuto ulteriormente sulla questione. (Il kami Omopo significa letteralmente "contemplare", ed è colei che è sempre chiamata a trovare idee per il Kamis celeste.)

Il suo soprannome implica che è un "kami che combina il pensiero", o qualcuno che può contenere diversi pensieri o pensare con più Kami.) Il kami alla fine costruì un grande specchio e lo appese alle membra di un albero sacro di montagna. Un panno bianco e blu era appeso all'albero.

Un posatoio con un gallo appollaiato in cima all'albero (che ha assunto la forma di un santuario shintoista). Un kami teneva l'albero in posizione mentre l'altro mormorava serie parole magiche.

Poi una bella kami di nome Ama-no-uzume si alzò su un secchio capovolto e ballò, esponendo il suo corpo, per la gioia degli ottanta innumerevoli kami.

(Questo non era un atto da discoteca; era la danza di una sciamana, una donna con abilità magiche.)

Amaterasu sbatté la porta dietro di lui e gridò: "Le terre dovevano essere cupe, pensai. Perché tutti voi sorridete mentre Ama-no-uzume canta e balla?"

Stavano ridendo, secondo Ama-no-uzume, dal momento che era apparso un kami superiore ad Amaterasu. Due dei erano davanti alla porta della grotta dove Amaterasu si nascondeva, tenendo lo specchio. Sembrava che un raggio d'alba fosse scoppiato mentre emergeva e si avvicinava allo specchio. Un altro dio ha teso una corda magica dietro di lei e ha detto: "Non puoi andare oltre questo!" Un dio che si era nascosto, una divinità di enorme potere, la tirò fuori.

Mentre il sole sorgeva seguendo l'oscurità delle attività del fratello della tempesta, la luce tornò sul globo. Amaterasu ha riportato in vita il pianeta ripristinando la luce solare.

Susano fu duramente punito dagli ottanta innumerevoli kami, che gli fecero pagare una multa di mille tavoli di offerte rituali. Presero anche la sua lunga barba, le unghie delle mani e dei piedi e lo rimossero con la forza dal paradiso, riportandolo sulla terra. Quando tornò, si trovò in ulteriori difficoltà, anche se alla fine uccise un drago a otto teste facendolo ubriacare di vino di riso (sake) e tagliandolo.

Trovò una spada che appare in molte altre mitologie giapponesi mentre tagliava la coda. Ogni nuovo monarca giapponese è intronizzato con una replica della spada, lo specchio che ha attirato Amaterasu dall'occultamento e le perline che Amaterasu portava tra i capelli, da cui Susano ha creato la prole. Sono i tre simboli di regalità che collegano l'imperatore agli dèi, in particolare Amaterasu, l'antenato dell'imperatore.

Altre divinità shintoiste

Altri dei non menzionati nella mitologia precedente sono inclusi nella religione shintoista. "Il Grande Signore del Paese", Okuninushi, aveva ottanta fratelli, tutti desiderosi di sposare la principessa Ya-gami-hime, incluso Okuninushi.

I fratelli notarono un coniglio senza pelliccia che gemeva per l'angoscia sul lato della strada mentre si recavano a corteggiare la principessa. Il coniglio fu istruito dai suoi fratelli che aveva bisogno di fare il bagno in acqua salina e asciugarsi nel vento su una montagna.

Questo, ovviamente, ha peggiorato le cose per il coniglio.

Okuninushi ordinò al coniglio di fare il bagno nella deliziosa acqua vicino alla foce del fiume e rotolare in un certo polline.

 Dopo essere stato restaurato, il coniglio, che in realtà era un dio, promise a Okuninushi che avrebbe sposato la principessa.

Okuninushi è oggetto di molte leggende, alcune delle quali lo mettono contro Susano, che alla fine sconfigge. Okuninushi drappeggia i suoi lunghi capelli sulle travi del palazzo mentre Susano dorme.

Ogetsu-no-hime è una dea del cibo. Inari nutre Tsukiyomi (la divinità della luna) o Susano in varie versioni del mito. Il cibo proviene da tutto il suo corpo: la bocca, il naso e persino il retto. L'altro dio la uccide perché lei lo ha offeso.

Bachi da seta, riso, miglio, fagioli rossi, grano e soia provengono tutti dal suo corpo morto, beni essenziali nella vita tradizionale giapponese. Quando questa narrazione sul dio della luna è narrata (come è nel Nihon ON Shoki, o "Cronache del Giappone", pubblicato poco dopo il Kojiki), spiega perché la luna è stata bandita nel cielo scuro: dopo il suo atto di distruzione, il sole dichiara che non lo vedrà mai più.

Inari, il dio del riso che assicura un abbondante raccolto di riso ed è anche conosciuto come il dio della prosperità, è uno degli altri dèi. Ebisu è un kami associato al dio del lavoro. Gli elettrodomestici da cucina sono persino supervisionati da una divinità in Giappone! Il dio delle gamme di cottura è Kamado-no-kami. Il mondo giapponese pullula di kami.

I Demoni shintoisti

Lo shintoismo, come molte altre fedi del mondo, presenta una versione dell'inferno che è stata influenzata dal buddismo. Jigoku è il nome del mondo oscuro, che è diviso in otto aree di fuoco e otto regioni di ghiaccio. Emma-ho è il nome del sovrano di Jigoku. Egli è incaricato di valutare le anime dei peccatori maschi e di assegnarle a una delle sedici aree di punizione. Le peccatrici sono giudicate da sua sorella.

Ogni peccatore è punito stando davanti a uno specchio, che riflette i suoi crimini contro di lui o lei. Le anime dei peccatori, d'altra parte, possono essere salvate. Questa salvezza richiede l'assistenza di un bosatsu o bodhisattva kami.

Gli Oni sono demoni che si possono trovare sia in Jigoku che sulla Terra. Questi demoni sono responsabili di tempeste devastanti, incendi, epidemie di malattie, carestie e altri disastri naturali con enormi perdite umane. Sebbene alcuni oni possano assumere forme umane o animali, la maggior parte rimane invisibile.

Capitolo 8-Creature e spiriti giapponesi

La storia della mitologia giapponese sarebbe incompleta se non includesse l'abbondanza di figure – demoni e streghe, folletti e fantasmi – che, nonostante siano intrecciate con la mitologia "santa", non hanno un'esistenza "ufficiale" nella coscienza religiosa. Tuttavia, come miti o aspetti di miti, queste figure sono essenziali.

Queste stime si basano sulle esperienze della popolazione locale con lo strano e inspiegabile nella loro vita. Alcuni di loro sono nati da interpretazioni popolari giapponesi di favole cinesi, sia taoiste, buddiste, Chan (Zen) o di origine popolare.

 Non sono organizzati in alcun modo, anche se tali persone o animali appaiono frequentemente (tipicamente come antagonisti) nelle storie della Grande Tradizione.

Sono miti "periferici" nel senso che, nonostante il fatto che fossero molto reali e prominenti nella mitologia popolare, raramente avevano un'esistenza formale. L'élite che governava la Grande Tradizione occasionalmente includeva uno o più di questi aspetti nelle storie della Grande Tradizione. Questi personaggi possono essere separati in figure umane e non umane in una separazione molto ampia; tuttavia, la linea tra i due è spesso sfocata. Un'altra possibile divisione è tra esseri non personalizzati, come fantasmi e tengu, e persone genuine, come Gama-sennin e Yuima Kji, di tradizioni giapponesi, cinesi o indiane.

Esseri umani

Molte delle figure umane mitologiche sono di origine taoista cinese. Il taoismo filosofico, sorto con la pubblicazione del Ching e del Chuan-tze di Lao-Tao-te Tze, era un sistema di credenze socio-filosofiche in cui l'eremita individuale era al centro. Le credenze religiose cinesi nei fantasmi e nei demoni hanno sempre pervaso il taoismo, e quando queste idee sono state trasferite in Giappone, questi esseri mitologici sono venuti per il viaggio. Di conseguenza, un personaggio, Shki, che si diceva fosse un funzionario cinese maltrattato che aveva promesso di combattere tutti i demoni dopo il suo suicidio, divenne noto in Giappone come soppressore di oni (demoni).

Molte di queste figure mitiche hanno più una presenza artistica che nel discorso mitologico. Tuttavia, nella società tradizionale ma altamente alfabetizzata del Giappone, erano facilmente accessibili per riempire nicchie leggendarie quando necessario.

I Non-umani

Nella mitologia giapponese, ci sono diverse "tribù" di esseri non umani. Gakki (fantasmi), tengu (folletti della foresta), oni (demoni) e kappa (demoni) sono i quattro più diffusi (sprite d'acqua). Appaiono come esseri non personalizzati o gruppi di creature nella maggior parte dei casi. Sono raramente nominati (il Tengu Kurama è un esempio), eppure possono essere gli eroi o i cattivi di una storia.

L'umanità è afflitta dai fantasmi, un'ampia categoria di non umani. L'emergere del buddismo coincise con la comparsa di fantasmi nella mitologia giapponese, e potrebbero essere stati un'importazione buddista dalla Cina. Gli spiriti di coloro che sono morti senza essere adeguatamente curati dalla loro famiglia tendono a manifestarsi come fantasmi. In Giappone, tuttavia, alcuni tipi di fantasmi erano prevalenti. Il fantasma premuroso, ad esempio, è una madre che è morta ma torna a prendersi cura dei suoi neonati o figli. La maggior parte delle storie di fantasmi hanno (o hanno incluso) una morale buddista.

Tengu è un tipo di goblin che vive nei boschi profondi e può eseguire incantesimi sugli incauti (il nome stesso non è corretto perché tengu è amorale piuttosto che malvagio). Sono più afflitti da persone che non li trattano con rispetto. D'altra parte, sono in grado di offrire regali eccellenti a persone ben educate e dedicate.

In inglese, oni è comunemente indicato come demoni; tuttavia, anche questo è un errore. Da un lato, oni è un individuo fuorviante, selvaggio, anti-buddista che, se incontra la persona appropriata, può essere trasformato in bene. D'altra parte, a causa della loro follia, malizia e mancanza di morale, sono da biasimare per una serie di disgrazie che colpiscono gli umani. Allo stesso tempo, servono negli inferni buddisti come fuochisti che tormentano le anime dei peccatori; un concetto è tratto dal buddismo e dal taoismo in modo simile ad alcune idee cristiane.

Kappa, come altri tipi di mostri, può causare disastri, ma possono anche essere usati per imparare o ottenere talenti e doni. Possono anche essere espulsi o uccisi, proprio come qualsiasi figura mitica non umana, da persone determinate, potenti o che hanno gli incantesimi e le procedure necessarie.

Molte di queste creature sono "mostri", nel senso che attaccano o minacciano gli umani o le loro attività.

Tuttavia, è importante tenere a mente che queste creature non sono "cattive" nel senso tradizionale occidentale.

Sono, nella migliore delle ipotesi, fuorviati e, di conseguenza, stanno pagando il prezzo di questa mancanza di legge, sia che la legge sia vista attraverso la lente nativa giapponese di obbedire alle autorità superiori o attraverso la lente buddista di osservare la legge buddista. Sebbene possa essere essenziale uccidere tali creature occasionalmente, possono anche essere convertite o soggiogate dalle autorità competenti.

Shugendo

Su molti livelli e in vari modi, lo shintoismo e il buddismo si sono fusi e si sono fusi.

Una successione di dottrine filosofico-religiose conosciute come Ryobu Shinto si sono evolute in Giappone durante il Medioevo (approssimativamente dall'XI al XVI secolo).

Seishin-Ichi, la convinzione che il kami e le divinità buddiste fossero la stessa cosa, era la forza motivante dietro questi movimenti. I personaggi mitologici in entrambe le religioni diventano più complicati come risultato di questo. Lo Shugendo era un movimento religioso sincretico che includeva pratiche ascetiche prese sia dallo shintoismo che dal buddismo (digiuno, bagno sotto le cascate), culto e pellegrinaggio in montagna, sacerdoti itineranti e riti magici, tra le altre cose.

Il culto della montagna era una parte importante di molte attività shintoiste e la transizione alla pratica buddista fu semplice. Shugensha (praticante di Shugendo), gyoja (asceta), yamabushi (monaco di montagna) o, più comunemente, kebozu (sacerdote buddista peloso) e bikuni (monache erranti) apparivano dalle montagne, eseguivano i loro rituali magici e poi svanivano. Questo è legato al concetto mitologico giapponese di marebito (divinità in visita).

Lo shugensha era particolarmente importante perché, essendo l'unica figura religiosa e medica che molte persone comuni vedevano nei loro villaggi lontani, consegnavano la notizia.

Cioè, lo shugensha e le suore (insieme ad altre figure vaganti come giocatori e burattinai) trasportavano idee e storie mitologiche da un luogo all'altro. En no Gyoja (En l'Ascetico), il loro santo patrono, è considerato il fondatore e il primo praticante dello stile di vita yamabushi (monaco di montagna, cioè ascetico).

I sacerdoti e le suore Shugendo svolgevano una varietà di ruoli, non tutti religiosi o addirittura morali. Pianificavano e partecipavano a pellegrinaggi, vendevano amuleti e medicine e davano servizi di cartomanzia e prostituzione lungo la strada, oltre a organizzare incontri di preghiera ed esorcismi in villaggi e comunità remote. Molte di queste attività non le resero care al governo, e furono periodicamente vietate o soppresse nel corso della storia del Giappone. Nonostante questo, l'intera serie di credenze Shugendo, che erano incentrate su un certo numero di distinte montagne notevoli, è rimasta fino ad oggi, anche se alterata e modificata. La tradizione yamabushi, e più specificamente, le storie raccontate dagli yamabushi e dai bikuni al loro pubblico rurale come racconti morali buddisti, divennero una delle fonti giapponesi di racconti fantastici, leggende e miti.

Capitolo 9-Mitologia nel Giappone moderno

I miti in questo libro sono vecchi di secoli, e né lo shintoismo né il buddismo erano o sono essenzialmente religioni basate sul mito. La religione non è una componente molto importante della vita dei giapponesi, secondo la maggior parte dei libri di riferimento sul Giappone moderno.

Tuttavia, l'imperatore Akihito, che salì al trono nel 1989, può far risalire i suoi antenati indietro di oltre 2.600 anni all'imperatore Jimmu e quindi alla dea del sole.

Nell'ottobre 2005, il primo ministro giapponese Junichiro Koizumi ha fatto infuriare diversi paesi asiatici facendo una visita al Santuario Yasukuni di Tokyo, dove i giapponesi che sono morti nei conflitti sono "commemorati e adorati come divinità", anche le truppe che sono state giustiziate come criminali di guerra anche se hanno commesso atrocità, i morti diventano kami.

Il gion matsuri, o festival annuale, è l'evento annuale più importante in qualsiasi santuario giapponese oggi. Durante questo festival, uomini e donne della comunità portano un'immagine del santuario locale intorno al quartiere per santificarlo così come le persone che vivono lì. La mitologia, così come i costumi e i riti associati, continuano ad avere un impatto sulla vita e sulla cultura giapponese attuale in vari modi. Molti giapponesi seguono le cerimonie shintoiste, anche se sono sepolti secondo i riti buddisti. La riverenza giapponese per la natura, la loro enfasi sulla pulizia e la purificazione e la disciplina con cui si avvicinano al gioco e al lavoro sono tutti legati alle tradizioni shintoiste e buddiste.

In Giappone, c'è una diffusa affermazione che l'80% della popolazione è buddista, l'80% è shintoista e l'80% non crede in nessuna religione. La fusione giapponese di buddismo e shintoismo riguarda più il fare certe cose, come meditare e visitare templi buddisti e jinta shintoisti, o santuari.

(Entrambi i tipi possono essere trovati nella maggior parte delle case.) I matrimoni shintoisti sono la norma. La maggior parte dei funerali buddisti si svolgono.

Entrambe le religioni enfatizzano la purificazione rituale: prima di visitare un santuario, ci si lava le labbra e le mani. Si svolgono anche molte visite al santuario e benedizioni cerimoniali.

Quando vengono gettate le basi per una nuova struttura, si tiene un rituale per placare e purificare i kami che vivono lì. I nuovi aeroplani, come i nuovi veicoli su una linea di assemblaggio di produzione, vengono puliti prima del loro primo volo.

I funzionari Toyota passano tre ore dal loro quartier generale al santuario di Amaterasu, la dea del sole, per presentare i loro veicoli più recenti.

Sebbene i racconti non siano più così importanti come una volta, la tradizione giapponese continua a vivere, anche se con alcuni cambiamenti unicamente giapponesi. Prima di fare un regalo, una visita al santuario include ancora il bagno, suonare una campana (per invitare il kami), inchinarsi due volte e battere le mani due volte. Poche città giapponesi sono prive di un santuario shintoista; ce ne sono oltre 80.000 in tutto il paese.

In un tempio, puoi ancora scrivere il tuo destino su un foglio di carta. Se è bello, lo tieni; se è cattivo, lo leghi vicino al santuario e lasci che il kami se ne occupi. La svolta moderna è che ora puoi acquistare la tua fortuna da un distributore automatico.

Conclusione

Per concludere, riassumiamo ciò che abbiamo attraversato in questo libro.

Il libro inizia con i miti sull'origine della nazione del Giappone.

I racconti tradizionali, i racconti popolari e le credenze che hanno avuto origine sulle isole che compongono l'arcipelago giapponese sono compilati in quella che è conosciuta come mitologia giapponese, che è la principale questione di discussione in questo libro.

Le idee shintoiste e buddiste servono come pietre angolari attorno alle quali è costruita la mitologia giapponese. C'è stato un impegno con la Corea per migliaia di anni, così come con il popolo Ainu e Okinawa, che hanno contribuito allo sviluppo della mitologia giapponese.

Sia il Kojiki che il Nihon Shoki sono letteratura essenziale per chiunque sia interessato alla mitologia giapponese contemporanea. Il Kojiki, noto anche come "Record of Ancient Matters", è la più antica narrazione dei miti, delle leggende e della storia del Giappone che è stata preservata.

Inoltre, lo Shintsh fornisce un'analisi delle origini degli dèi e delle dee giapponesi da un punto di vista buddista.

Il pantheon shintoista ospita una pletora di kami, che è la parola giapponese per "dio(i)" o "spiriti". Le storie che circondano questi kami sono collegate alla topografia dell'arcipelago e alle forme di religione popolare basate sull'agricoltura.

Questo libro esamina una varietà di argomenti, tra cui le divinità primarie, le tendenze attuali, il significato culturale e l'influenza delle storie.

Questo libro è una corsia lungo la memoria mitologica che consente alle menti interessate di conoscere il passato e le recenti tendenze mitologiche in Giappone.

Speriamo che tu abbia ottenuto tutte le informazioni che volevi da questo libro.

Grazie, e buona fortuna!